高睿律师文丛

Mind Track

思维的笔迹

下

实战案例训练

高云 著

法律出版社 LAW PRESS·CHINA
北京

感谢曾经、现在或未来
在我生命中出现过的所有人
一切的赞扬、鼓励或苛责
都随时光的流逝，静默成人生路上的美丽风景
给予我学习、修炼、感悟和成长的机缘
终成这本
法律人的成长智慧书

一切与成长有关

最近,因为工作的缘故,经常独自一人,驾车来回穿梭于两个城市之间。

很享受这段在路上的时光,车厢里充满着明媚、和暖的阳光,看着远处郁郁葱葱的群山,翠绿的湖水和田野,听着 CD 机里,陈绮贞悠悠地唱着《旅行的意义》。一切,温暖而明亮,一如我现在的生活状态。

回首过去,蒙上天的错爱,得以收获一份快乐、健康和平衡的人生。对此,我除了深深的感恩外,最大的感受,就是每个人都在路上,无时不在修炼当中。

沉浮在这个浮躁的社会、残酷的人生,时间越久,心灵越变得坚硬如铁。那些生命中最珍贵的梦想,相忘于江湖;曾经的一花一世界、一沙一天堂,不再动情;还有那些简单、美好的情感,不再怦然心动,反而容易报之以冷漠甚至嘲笑。

物质、欲望以及无所敬畏,无情地吞噬着我们的心灵。似乎,这是大多数成年人都无法逃避的魔咒和宿命。

有人为此努力修炼,甚至清心寡欲、离群索居,却始终难见明显进步,似乎又堕入另外一种魔咒当中。

似乎很难找到幸福人生的定义。如果不修,除了虚耗光阴,浪费地球资源外,人生有何意义?如果努力去修,心中充满着想要变成某种理想状态的强烈欲望,这份欲望的本身,又足以令我们封闭自我,原地踏步甚至后退,结果越求越不可得。

我就曾经见过几位努力打坐的老参,他们并不能给人一种睿智明透、成熟从容的感觉,反而有一种急促、竞争的世俗感,比不修之人,还要更封闭、狭隘,原来如此。

在漫长的人生当中,什么才是我们最应该关注和把握的?

时光匆匆如流水,无论是在觥筹交错的酒宴上,雾气腾腾的桑拿澡堂之中,或者在法庭上的唇枪舌剑,摩天大楼里的谈判桌上,它都在无声中过去。我们无法留住它,唯一可以做的,是在岁月的转角,停下匆忙的脚步,张开心灵的慧眼,全身心地投入,感受生命成长带给我们的喜悦和满足,这才是最重要的。

这个世界,就像池塘里的莲花,无论你见与不见,留于不留,它都会层层叠叠地,从容地绽放。无论是灿烂阳光洒满的白色海滩上,抖落的串串笑声,赤脚飞奔的我们;抑或遥远的他乡异国,雪夜小屋里,围炉夜读,红袖添香的时刻。

生命有如一场盛大的遇见,无论何时何地,何人何事,一切皆是修炼,这才是我们最应该把握的机缘。

人生路上,总会遇到一些事情,在发生的一刻,自我感觉很重要,很难受。但是,在几个月或几年之后,回头再看,你会发现,其实当中只有很少一部分,能够真正影响我们的人生轨迹。更多的,神马不过是浮云而已。

因为生命有着惊人的韧性,时光则是最好的解药。它能够把昨日最大的痛楚,变成明日前进路上的最大动力。

人在路上,最动人的不是花朵,而是盛开的过程。你若盛开,清风自来。学会批判,学会接受不完美,更学会给出行动建议,向周围输出更多的正能量,努力争取未来。

逐渐的,你会发现身边周围的一切,随着时光的流逝,将静默成人生路上的美丽风景。体验它,珍藏它,又不为之所绊,永远不停止飞行。飞翔的梦想,就永远不会坠落。

岁月静好,与君到老。未来的日子里,不苛求完美,不追逐鲜花和掌声,只是怀着一颗简单,喜悦而洁净的心,用心感受生命的每一瞬间,不错过每一个当下;学会坚持理想主义的同时,以现实的态度,宁静的心情,在尘世中守望理想。

其实,这就是最好的生活,最幸福的人生。

高云(汪宏杰)
2012 年 11 月
于广州白云山麓

目　录 CONTENTS

Chapter 1 实战篇

一、真正专业的第一案

人物:我(律政新人)、张律师(我的师傅)、高律师(师傅的师傅)

案情:作为一个律政新人,四年磨一剑,写出来的第一份文书却被评为很垃圾的文书、很专业的论文?为什么他无法雕琢出很实用的法律意见书?……

• 很垃圾的文书

这是一家在本地数一数二的律所,客户大多是当地著名的金融机构、外资企业,律所坐落在城市中心 CBD 区内的某座高级写字楼的 21 层,办公环境宽敞明亮,透过大大的落地玻璃窗,可以俯瞰车水马龙的道路,远处是高楼林立的城市风景。

作为一个律政新人,我非常喜欢这里,环境舒适,同事友善,还有频密的培训机会,一切都令我充满职业感。不过,我的老板——投资部主管合伙人高律师,据说为人很严格,对功课(指法律文书)的要求更是一丝不苟,即使是排版行距、字符用错半角这类小错误都不会放过。如果你不慎出错,不管你是律师还是助理,他都不留情面地狠批,部门好几个女同事都曾经被他骂哭过。

就在我入职的第一天,工作任务就来了。我的师傅张律师交给我一个功课,限于当天下班前起草一份《法律意见书》。此案的背景是这样的:

我们的客户 C 公司是一家中外合资企业,早年曾经担保它的母公司香港 B 公司向香港的 A 银行借款,签发了一份《无条件承诺函》。函件当中承诺,假若 B 公司未能到期还款,C 公司将无条件代为偿还。现在,B 公司在香港宣布破产,C 公司眼看被 A 银行追债上门,所以向我们寻求法律意见。

接下任务后,我首先打通了客户 C 公司黄经理的电话,很客气地向他提出,由于我对案情完全不清楚,所以希望他能够将案情经过详细介绍一下,顺便总结一下他希望解决的具体问题。不料黄经理是一很不耐烦的主,硬梆梆地回答我,“就是让你们律师简单看一看,具体情况、问题什么的都已经对你们张律师说过了,你问他吧”,“啪”的一声,把电话挂断了。

第一个电话就碰了一鼻子灰,怎么办呢?我灵机一动,想起自己曾经写过关于担保问题的论文,导师还在课堂上作为范文讲解过,恰好可以派上用场了。

于是马上把文件调出来,勤快地按着 CTRL-C、CTRL-W 键,将文件合并,客户名称替换,版式排列整齐,来回修订多次,直至通篇文章观点鲜明,理据充分,用词典雅为止。

就这样,我的第一份非常专业的文书出炉了(见附文 1.1)。

我将文书拿过去给张律师审查。敲门进去一看,张律师正在电脑前痛苦地拉着头发。原来,他正在跟一份收购项目的法律意见书叫劲。他问我文书结论是什么?我说应该是无效的,他点点头,看来我的研究结论应该是正确的。他向我挥了挥手,说道:“我正痛苦着呢,文书你直接交给高律师看吧。”

我拿着文书送进高律师办公室。高律师接过来随手翻了翻,眼睛都没抬地就问我,“这是你写的?”“是的。”

接着,我听到的,是令我毕生难忘的一句,“你将这份垃圾交给我干什么?”

我好像胸口猛地受到一下重击,全身的血液都涌上了脑袋,整个人一下变傻了,脑子里只剩下一个念头:我不服!

这份文件,以我导师表扬的范文为底子,我还额外加了多少心思,字斟句酌,苦心打磨,再怎么不堪,也不至于是一堆垃圾啊!

看到我不服气的模样,高律师语气缓和了一些,说道,“这样吧,我来问你几个问题。第一个问题,你还记不记得在岗前培训课程中讲过,接到资料后的第一件事情是什么?”

“记得,是与客户交流,询问他的目标。”我心想,我可是有做这一步的。

“那好,为什么这份文书当中,没有将客户的具体要求记录下来?”

我心想,“这能怪我吗?是客户自己不愿意说,我有什么办法”。当然,我不能这样顶撞老板,只能小心解释道:“我有做这个程序啊,我打电话给黄经理,让他给我全面介绍一遍案情,还问了他,希望我们解决什么具体问题。他回答很简单,就是让我们看看这份承诺书而已。”

“为什么在打电话之前,不先问问你的指导律师,自己对案情先有一个概括性的了解?你让一个不是专业的人,帮你这个专业人士从头梳理案情?你还要他帮你总结法律问题?如果客户自己能做,他还请律师干什么?打字吗?”高律师声音有点高了起来。

“还有,你表述得准确一些,什么叫做‘看看’这份承诺书,怎么理解?是理解成‘看看’表述漂不漂亮?‘看看’版面美不美观?抑或就是‘看看’有没有错别字?”

我解释道:“我理解客户的具体要求,是要求我们看看这份承诺书是否合法?”

“这是客户的原话,还是你猜的?”

“我不是猜的。客户要求我们解决问题,自然就是看看这份承诺书是否合法了。”

“我再问你一次,这是客户的原话吗?”

“不是……”

“那你的这句话——对承诺书合法与否作出判断,你向客户复述过没有？有没有要求客户确认？”

“啊！……没有，但我是依照常理来判断的”。

“依照常理，那就是猜。律师工作不是说不能猜，而是要分什么时候。在能够与客户面对面交流的时候，反复沟通、反馈和确认，才是正确的方法。”

“还有，这个意见书当中为什么没有提到客户的营业执照等基础文书？”

“黄经理说他们刚刚年审过，应该没有问题的。”

“你是凭什么作出这样的判断？”

我有点急了，“虽然我没有看过客户的营业执照，但是我觉得客户应该不会对自己的律师说谎啊！”

“客户不会骗你？你凭什么这样肯定？”

“……”，我被质问到哑口无言。

“哦，原来你又是靠猜的”。高律师对“猜”字说得尤其重。

“还有，这份意见书的判断前提是客户具有对外担保的法定资格。根据法律，这种业务需要外管局的批文。你有没有问过客户，他们有没有这样的批文？”高律师继续质问。

我心想，不是吧，这样简单的问题还需要与客户核实，这难免让客户觉得律师太弱智了吧。我解释道：“我已经看过他们的章程，里面没有写他们有这样的营业范围，所以我估计他们应该没有这样的资格。而且，如果他们有批文，担保就肯定有效，就不用咨询我们律师的意见了。”

“我再问你一次，你有没有问过客户，他们是否有批文？”

“没有。”

“哦，原来你还是靠猜的”，高律师再次重复了这一句。

我逐渐意识到问题所在了。

高律师继续说：“岗前培训的时候你们应该学过，律师工作的起点是客户的目标。而确定这个目标，不能靠猜，需要反复核对和确认。审查重要问题，必须要眼看为实，不能仅凭猜测，更不能依靠常理推断。一份代表律师专业意见的文书，成立前提竟然是你的猜测。这份文书不是垃圾又是什么？”

他顿了顿，语气凝重地说：“你如果不改变这种思维错误，靠常理、靠猜来作为你的专业工作的起点，我劝你赶快离开律师行业。去干点别的吧，待在律师行业，将来肯定会出大问题的。”

最后的几句，听得我字字惊心。虽然很刺耳，但我不得不承认，他说的是对的。

● 很专业的论文

高律师继续翻动我写的文书，边看边摇头，我感觉开始崩溃了。

这时，张律师敲门进来。虽然认识他时间很短，但他性格很温和，尤其是对我们这些新兵态度很好。“救命啊”，我心里在喊。

张律师似乎嗅到了空气中的紧张气氛，问道：“文书有问题？我刚才在忙别的事情，还没来得及看，我拿回去给她指导一下吧。”

高律师点点头说道：“这份文书写得太专业了，连我都看不明白，你帮她改改。”张律师连声答应，带我退出房间。

回到张律师的房间，我忍不住疑惑，问道：“高律师说话好矛盾啊，为什么说我的文书是垃圾，又说写得太专业，却看不明白？”

张律师仔细将我的文书反复看了好几遍，然后说道：

“我明白高律师什么意思啦。你这份法律意见书，满满的四页纸，引用 10 多个法律条文、部门规章和规范性文书，要点层次 10 多个，竟然没有一个分段落和层次！这样的法律意见书，别说高律师和我不喜欢看，客户肯定也看不懂。你这份文书是从哪一份法学论文上抄过来的吧？”

我不好意思地承认，“是的，刚好我以前写过一篇类似的论文，我把里面的精华直接拷贝过来的。不过，论述的同样是担保问题，应该没有区别啊！”

“当然有区别，法学论文和法律文书的写法大不相同。法学论文是为了研究问题，而实务文书则强调解决问题，所以要求行文通俗易懂，简明扼要为重。

举个例子说，你在讲述对外担保需要经过政府批准的时候，详细解释两部门的立法本意和技巧，大谈‘与其说吸收了部门规章’，‘不如说是特别选择’之类的废话，这与客户关心的问题有关系吗？这些内容如果放在论文中，可以表明你的才识渊博。但在实务当中，纯属垃圾，应该全部删去。”

我一边听，一边重新审视自己写的文书，开始有点明白了。

张律师继续说道：“还有，你的这份文书貌似层次丰富，但其实观点不清，层次混乱。写实务文书好比射箭，要先将靶子竖起来，所以你的问题和结论,都应该放到开头去。先是问题,紧接着就是结论,让客户一目了然。然后才开始具体论述,这也是法律文书美学的要求。”

“哦,法律文书也和美学有关?没听说过。”我嘀咕道。

“你以后就知道啦”,张律师继续说道:“另外,你写的东西铁板一块,让人怎么读?应该按照逻辑关系,每一部分对应一个标题,标题之间或平行,或递进,逻辑关系要求鲜明和准确。几个标题论述的内容汇总起来,就是文书的最终结论。”

至此,我终于初步明白了问题所在,于是重头再来。首先,我拟好了腹稿,再打电话给黄经理,与他核实工作目标和要求的同时,核实全部的事实和材料。这一次,我连一张纸都不敢放过;然后,对初稿痛下杀手,大幅删减。接着,张律师对我的初稿再度瘦身,写出了修改稿(见附文 1.2)。

与初稿相比,修改稿字数从 3300 字大幅减少到 2100 字,足足删掉了三分之一,内容大为精简;框架和层次有了很大改进,脉络和线索清晰了很多;还有就是行文风格也简练了不少。甚至张律师在审查后都认为,这份文书可以改进的余地已经不多了。

我满怀信心,将文书再次交给高律师。但是,我并没有获得期待中的表扬,只得到了一句“回去等着看定稿”的简单回复。

过了两天,高律师正式签发了定稿(见附文 1.3)。我打开抄送给我的邮件一看,几乎当场晕倒。定稿竟然将修订稿再删掉了一半,只剩下 1100 字,结构框架也都全部改变了。

这是为什么呢?我百思不得其解。

此案结束后不久,高律师带我和张律师,与客户开会谈其他项目。在会上,黄经理特意提及我们写的这份法律意见书,表扬我们写得很专业,他看得很舒服,解决方案也很好。客户的反响,使我更加强烈地想明白个中奥妙所在。

时间一晃半年过去了,很快到了年底。事务所在新河浦路一家名为“东山少爷”的餐厅,举办了一场名为“星光闪耀新年”的跨年晚会。全所人员混编成金色阳光、纯真梦想和魅力深蓝三组,要求各出奇谋,贡献精彩节目。这对于常年紧张工作的律师而言,是一个难得放松的机会,所以大家都很开心地参与。

我和高律师凑巧分在了同一组,我们利用工作间隙,抓紧排练。在排练休息的空隙,我和高律师聊起了这件疑惑已久的事情。高律师笑了一笑,然后说:“这个问题一下子不容易解释清楚,你有空看看我的书吧,慢慢领会更有好处。”

后来,我收到了高律师的赠书,反复阅读和领会,逐渐悟出了谜底,正如高律师书中所说:

所谓的专业,不是理论有多高深,也不是用词有多华丽,而在于你写出来的文书是否合法、实用、精确;在于你的解决方案,是否能够让人看得明白,用得放心。这才是真正的专业!

附文:

1.1 《关于对外担保的法律意见书》(初稿节选)

……(前述部分略)

基于上述实体法律适用的分析,我们认为本案的担保书不具有法律效力,是无效的担保合同。理由为:

1984年6月2日,国家外汇管理局在《关于非金融机构原则上不能为外商担保的通知》中已经明确指出:“……对外担保实质上系对外的外汇负债,必须持慎重态度……对外担保既属于债务担保,又系信誉担保。此项业务应由中国银行和其他经中国人民银行批准,并持有国家外汇管理局发的经营外汇业务许可证的金融机构办理;对来华投资的外商,如因自身资金不足需向外国银行或港澳银行借款,要求我国非金融机构(指中央各部委局、各省、自治区、直辖市政府所属机构和企业)担保,原则上不能办理。若有特殊原因需要担保的必须报国家外汇管理局或当地外汇管理分局批准。”1986年10月3日,《中国人民银行关于答复对外担保问题口径的通知》规定:“一、能够对外提供担保的应当是经过批准的经营外汇业务的金融机构。非金融机构未经国家外汇管理局批准,不得对外提供担保……三、未经国家外汇管理局批准,擅自对外出具担保,是违反国家外汇管理规定的,也是无效的。一经发现,将受到必要的处理。”1991年中国人民银行批准,国家外汇管理局公布的《境内机构对外提供外汇担保管理办法》第4条规定,

“允许提供外汇担保的机构和单位限于:一、经批准有权经营外汇担保业务的金融机构;二、有外汇收入来源的非金融性质的企业法人;政府部门和事业单位不得对外提供外汇担保;三、为境内、外的外国机构和外资企业提供外汇担保,由国家外汇管理局审批”。

我们认为,虽然根据《担保法》的规定和《合同法》所确立的确认合同无效原则,行政规章无权规定合同无效内容。但鉴于涉外担保关系到国家利益,最高人民法院实际上已经通过制定司法解释对其予以一定的限制。2000年,最高人民法院以司法解释的形式制定发布的《关于适用〈中华人民共和国担保法〉若干问题的解释》第6条规定:“有下列情形之一的,对外担保合同无效:(一)未经国家有关主管部门批准或者登记对外担保的……(四)无权经营外汇担保业务的金融机构、无外汇收入的非金融性质的企业法人提供外汇担保的。”上述规定承认了人民银行和外管局历来关于涉外担保的规定,即对外担保未经批准不能生效,已将行政规章的内容吸收到司法解释中以作为法院认定担保合同无效的依据。换言之,通过司法解释,两部门规章规定的合同无效情形,成为人民法院可以认定的无效担保合同的一部分。同时,如前分析,《民法通则》第7条规定:“民事活动应当尊重社会公德,不得损害社会公共利益,破坏国家经济计划,扰乱社会经济秩序。”根据对外担保的性质和所产生的社会影响,我们认为两部门的规定在对外担保上的管理和限制形成的经济秩序,构成社会经济秩序的一部分。司法解释吸收的对外担保方面的规定,与其说是吸收了部门规章的内容,不如说是维护社会经济秩序和保护社会公共利益而作出的特别选择,是从公序良俗原则出发对对外担保的特别解释。因此,适用司法解释认定对外担保合同无效,也是《民法通则》的基本原则在认定对外担保合同无效的体现。

……(部分略)

1.2 《关于对外担保的法律意见书》(修改稿节选)

……(部分略)

三、关于《不可撤销担保书》第12条的效力问题

就本案中当事人在《不可撤销担保书》第12条规定的“本担保书受香港法律管辖及依据香港法律作解释”的效力问题,我们认为该条款因违反

中国法律强制性规定而无效，具体理由如下：

1. 本案应为涉外法律关系

根据司法实践，凡是涉外法律关系的案件才能允许当事人自行约定适用法律。所以，本案是否属于涉外法律关系直接决定了当事人是否有权选择适用法律。

根据《最高人民法院关于贯彻执行〈中华人民共和国民法通则〉若干问题的意见》第178条规定，“凡民事关系的一方或者双方当事人是外国人、无国籍人、外国法人的；民事法律关系的标的物在外国领域内的；产生、变更或者消灭民事权利义务关系的法律事实发生在外国的，均为涉外民事关系”。另外，根据最高人民法院于1987年10月19日颁布的《最高人民法院〈关于适用涉外经济合同法〉若干问题的解答》（下称“《涉外经济解答》”）第1条第（二）项也规定，“涉外经济合同法也可以适用于港澳地区的企业、其他经济组织或者个人同内地的企业或者其他经济组织之间订立的上述经济合同……”。

从上述规定可知，案件当中的当事人一方如果属于港澳地区的企业或其他经济组织，则本案属于涉外法律关系。本案中，债权人×洋银行与被保证人永×公司均是在香港注册成立的公司，符合上述规定要求，因此本案属于涉外法律关系。

2. 在一般情况下，涉外法律关系当事人有权自行约定适用法律

根据《涉外经济解答》第2条第（二）项规定：“当事人在订立合同时或者发生争议后，对于合同所适用的法律已有选择的，人民法院在审理该项合同纠纷案件时，应以当事人选择的法律为依据。当事人选择的法律，可以是中国法，也可以是港澳地区的法律或者外国法。但是当事人的选择必须是经双方协商一致和明示的”。

由于本案属于涉外法律关系，根据上述规定，在一般情况下，当事人有权自行约定适用法律。

3. 本案依法强制适用中国法律,双方无权自行约定

根据最高人民法院于 1987 年 10 月 19 日颁布的《关于审理涉港澳经济纠纷案件若干问题的解答》(下称"《涉港澳解答》")第 3 条第(三)项规定:"审理涉港澳经济纠纷案件,按照民法通则第八章涉外民事关系的法律适用和涉外经济合同法第五条的规定,应适用香港、澳门地区的法律或者外国法律的,可予适用,但以不违反我国的社会公共利益为限"。

另外,根据最高人民法院于 1988 年颁布的《最高人民法院关于贯彻执行〈民法通则〉若干问题的意见》第 194 条明确规定:"当事人规避我国强制性或者禁止性规范的行为,不发生适用外国法律的效力。"而根据中国人民银行批准外国外汇管理局于 1991 年 9 月 9 日公布的《境内机构对外提供外汇担保管理办法》第 6 条第(三)项规定:"为境内、外的外国机构和外资企业提供外汇担保,由国家外汇管理局审批。"

据查,本案中双方当事人于 1993 年签署《不可撤销担保书》,并未向国家外汇管理局申请相关的审批手续,依据上述规定,可以认定为变相规避中国法律的行为。

因此,双方当事人关于担保书适用香港法律的约定因违反中国强制性法律规定而无效。

……(部分略)

四、关于《不可撤销担保书》的效力问题

基于上述实体法律适用的分析,我们认为本案的担保书不具有法律效力,是无效的担保合同。理由为:

1. 担保书属于对外担保,依法应当经过外管局批准

根据中国人民银行于 1996 年 9 月 25 日发布的《境内机构对外担保管理办法》第 2 条规定:"本办法所称对外担保,是指中国境内机构(境内外资

金融机构除外，以下简称担保人）以保函、备用信用证、本票、汇票等形式出具对外保证，以《中华人民共和国担保法》中第三十四条规定的财产对外抵押或者以《中华人民共和国担保法》第四章第一节规定的动产对外质押和第二节第七十五条规定的权利对外质押，向中国境外机构或者境内的外资金融机构（债权人或者受益人，以下称债权人）承诺，当债务人（以下称被担保人）未按照合同约定偿付债务时，由担保人履行偿付义务。”第三条规定：“中国人民银行授权国家外汇管理局及其分、支局（以下简称外汇局）为对外担保的管理机关，负责对外担保的审批、管理和登记。”

结合担保书的内容分析，担保书属于对外担保，依法应当经过外管局批准。

2. 对外担保未经外管局批准无效

根据中国人民银行于1996年9月25日发布的《境内机构对外担保管理办法》第17条规定，“担保人未经批准擅自出具对外担保，其对外出具的担保合同无效”。我们认为，虽然根据《担保法》的规定和《合同法》所确立的确认合同无效原则，行政规章无权规定合同无效内容。但鉴于涉外担保关系到国家利益，最高人民法院实际上已经通过制定司法解释对其予以一定的限制。根据2000年12月13日最高人民法院以司法解释形式发布的《关于适用〈中华人民共和国担保法〉若干问题的解释》，其中第六条规定，“有下列情形之一的，对外担保合同无效：（一）未经国家有关主管部门批准或者登记对外担保的……（四）无权经营外汇担保业务的金融机构、无外汇收入的非金融性质的企业法人提供外汇担保的”。前述司法解释，已经吸收合并了两部门规章规定的合同无效情形。因此不难看出，本案中当事人在当时签署担保书时未经过国家外汇管理局批准，违反了有关的外汇管理法规，此种行为必然损害中国的外汇管理制度，其无论是签署担保书的当时还是现在均应被法院认定为无效的担保行为。

……（下略）

1.3 《关于对外担保的法律意见书》（定稿节选）

……（部分略）

三、《担保书》因违法而无效

我们认为,《不可撤销担保书》(下称《担保书》)因未经国家外汇管理局(下称外管局)批准,违反了中国法律强制性规定而无效,具体论述如下:

1.《担保书》属于对外担保,依法应当经过外管局批准

根据中国人民银行于1996年9月25日发布的《境内机构对外担保管理办法》第2条规定:"本办法所称对外担保,是指中国境内机构(境内外资金融机构除外,以下简称担保人)以保函、备用信用证、本票、汇票等形式出具对外保证,以《中华人民共和国担保法》中第三十四条规定的财产对外抵押或者以《中华人民共和国担保法》第四章第一节规定的动产对外质押和第二节第七十五条规定的权利对外质押,向中国境外机构或者境内的外资金融机构(债权人或者受益人,以下称债权人)承诺,当债务人(以下称被担保人)未按照合同约定偿付债务时,由担保人履行偿付义务。"

第3条规定:"中国人民银行授权国家外汇管理局及其分、支局(以下简称外汇局)为对外担保的管理机关,负责对外担保的审批、管理和登记。"

根据上述法律规定,结合《担保书》的内容分析,《担保书》属于对外担保,依法应当经过外管局批准。

2.《担保书》未经外管局批准无效

中国人民银行于1996年9月25日发布的《境内机构对外担保管理办法》第17条规定,"担保人未经批准擅自出具对外担保,其对外出具的担保合同无效。"

最高人民法院于2000年12月13日发布的《关于适用〈中华人民共和国担保法〉若干问题的解释》,其中第六条规定,"有下列情形之一的,对外担保合同无效:(一)未经国家有关主管部门批准或者登记对外担保的……"。

根据上述法律规定,结合《担保书》未经国家外汇管理局批准的事实,

《担保书》因违法而无效。

四、《担保书》第 12 条因违法而无效

《担保书》第 12 条规定,“本担保书受香港法律管辖及依据香港法律作解释”。我们认为:

首先,我国法律允许涉外民事法律关系的当事人适用香港法律,但同时规定以不能违反我国的社会公共利益为限,也不能规避我国强制性法律规定。具体法律依据如下:

最高人民法院于 1987 年 10 月 19 日颁布的《关于审理涉港澳经济纠纷案件若干问题的解答》(下称《涉港澳解答》)第 3 条第(三)项规定:“审理涉港澳经济纠纷案件,按照民法通则第八章涉外民事关系的法律适用和涉外经济合同法第五条的规定,应适用香港、澳门地区的法律或者外国法律的,可予适用,但以不违反我国的社会公共利益为限”。

最高人民法院于 1988 年颁布的《最高人民法院关于贯彻执行〈民法通则〉若干问题的意见》第 194 条规定:“当事人规避我国强制性或者禁止性规范的行为,不发生适用外国法律的效力。”

其次,正如本意见书第三点分析的,对外担保以国家外管局批准为前提,未经批准的一律无效,担保书因未经外管局批准而无效,如果适用香港法律将产生规避我国强制性法律规定的效果,因此第 12 条也无效。

……(部分略)

二、非常繁复的简单任务

人物：小然（律师助理）、高律师（小然的师傅）

案情：在现实当中，很多法律业务貌似简单，其实可能它只呈现出巨大冰山的一角。错综复杂的内里关系，往往潜藏于海面之下，需要律师深入挖掘，小心应对，才能成功地完成“简单任务”。

● 冰山一角

以前香港有一部电影《简单任务》，香港警察陈家驹，原来执行的是一项简单的跟踪任务，纯粹公费旅游。实际上大相径庭，他遭到犯罪集团追杀，雪山大逃亡，误闯核弹基地，继而被迫接受 FBI 指派，乘坐核潜艇从冰天雪地的俄罗斯转到阳光明媚的澳大利亚，追查核弹下落……

现实当中的法律事务，也像这部电影一般，开始往往貌似清晰、简单，但其实内中错综复杂，即使我们亲眼所见，也并非事实之全部，而只是案件事实海面上的冰山一角。

本章所涉法律业务，乍听之下非常简单：租赁合同的审查和修改——A

公司希望将刚接手的L广场一批商铺,与租户重新签订租赁合同,要求律师协助起草和审查。这是律师的基础性业务,每一位法律职业新人都有机会接触到。但是,如果你不深入下去,同样会在如此简单的任务上栽跟头。

接到任务后,客户提醒我们注意三个问题:

第一,这批商铺的权属来源比较特别,它们原属K公司,后来以不良资产出资的形式,注资到A公司当中;

第二,这批商铺的租赁期限大多已满,租赁押金已经由K公司直接转给了A公司;

第三,A公司特别要求,在租赁合同当中要埋下关于要求承租人放弃优先购买权的内容。防止承租户以优先承租权为借口,阻碍A公司将商铺转让给第三人。

我将这个简单任务交给小然,一位刚入职的律师助理,结果她很快就交稿了(见附文2.1)。

在接过初稿时我问她,有难度吗?她回答,还好吧。听到这样的回答,我感觉多数会出问题。

我把她交上来的文件一翻,果不其然,这份初稿像一个筛子,充满了太多的漏洞和错误。当然,作为刚入行的新人,第一次写作合同,能够达到这样的水平,也勉强算是“矮子当中拔将军”了。

• 过司考≠会思考

小然最大的问题,是将简单任务等同于简单文件。我把她叫进了办公室:

“小然,你写的文件我看过了。问题不少啊。”我开了个头。

小然感到比较意外,回答道:“我已经按照事务所的规范来做啦。我将相关基础文件审阅过,仔细参考了所里提供的文件范本和类似案件,为客户总结了目标,然后才开始写合同。有什么严重问题吗?”

“我先问你,还记得培训时提醒过你们的那段话吗?”

“记得,过司考不等于会思考,实务与理论有非常大的差别,法律实务目标是解决客户的问题,所以需要认真、细致和全面地思考客户提出的问题。在这样的基础上才能写出好文书。”

小然顿了顿,继续说道:“道理我其实明白,就是一上手就发懵。比如这个案件,明明是知道有问题,但就是雾里看花,不知道应该从何入手。”

我回答道:“就这个案件而言,有一个比较简单的方法,就是将问题分成两类,一类是客户提到的,另一类是客户没有提到的,然后遵循一些窍门展开思考。”

小然想了一下,说道:“根据客户的要求,我觉得应该有这么几个问题。第一,客户提过商铺是出资过来的,所以我在合同开头写了,甲方自K公司处合法受让了这批商铺。”(原文:鉴于甲方自K公司(下称K公司)合法受让了C市×××路×号(即L广场)商铺________号)

我打断她的话,说道:“问题总结是对的,但写法有问题。‘受让’一词并不能清晰说明甲方和K公司之间的法律关系啊。受让的原因是什么?房地产转让?出资?对于客户这一特别要求的内容,不应该写得如此简略啊!”

经我这样一解释,小然明白了,“哎呀,经你这样一说,确实如此。现在回想起来,‘受让’这个词用得太不严谨了。我想想……应该写清楚这批商铺由K公司作为出资,交给A公司经营管理?”

我继续说道:“第二,我记得客户提过,以前的租赁合同还没完结,押金已经转给了A公司等,现在我们起草的这份肯定属于第二份,两份合同的关系如何协调和处理,权利义务如何清结或转移,为什么统统没有说?”

小然不好意思地回答:“我犯了先入为主的错误了。我原本以为双方签了新合同,旧合同自然废止了,忘记了要交代清楚两份合同的权利义务如何衔接的问题。”

我继续说:“还有,客户提及的最重要问题——放弃优先购买权条款,你是怎么设计的?”

“这个条款我是严格按照客户的意思写的。我的写法是:乙方确认,甲方向第三人转让该商铺时,无须征得乙方的同意,乙方自愿放弃优先购买权。”

我不满道:“对于如此重要的问题,你为什么不考虑一下法律规定和逻辑!你这种写法有本质错误!”

“……”,小然有点迷茫。

我说道:“不是说把客户的原话照搬过来,就一定没有错误。从逻辑上说,既然无须征得乙方同意,又何来乙方自愿放弃权利?显然前后矛盾。再者,你有没有查过中国法律关于承租人优先购买权的规定?我记得规定的原意是,业主出售房屋的,应当提前3个月通知承租人,除非承租人放弃优先购买权,否则承租人可以请求人民法院宣告该房屋买卖无效。因此,写作内容上,必须有提前通知、承租人声明放弃优先购买权等内容,这是法定的内容。"

小然听完,一时陷入了长考当中。

我停了停,继续说道:"还有押金一条,客户说得很直接、很简单——押金已经由K公司直接转给了A公司。但是,你直接写,押金已经由K公司直接转给A公司,这就有问题了。说,可以很简单;但是想,应该很复杂。

"首先,押金转移在法律上的性质属于债务转移,应该征得承租户同意,对此,合同当中应该有所说明。然后,押金的用途是什么?如何处理?都应该写进合同当中。"

"我看过你的初稿,关于押金如何处理问题,只有一条:租赁期满或是合同解除后,甲方应当根据乙方提交的押金收据,向乙方无息返还租赁押金。这条说的是正常情况下,但如果发生意外情况怎么办——例如承租人延迟退还、拒绝退还呢?甲方宣布解除合同,押金怎么办?这些你都没有写。当然,按照通常理解,甲方可以没收押金,作为赔偿。但你在前一条却写道:合同解除后,甲方应当向乙方退还全部押金。两个条款结合一看,意思就变成了,即使乙方违约,甲方只能宣布解除合同,不能没收押金,这样的写法显然违背了甲方的初衷,无法更好地保障甲方权利。"

"此外,押金还有很多情况,例如何时冲抵?何时没收?等等,这些正常和不正常的N多种情形,都应该在写合同时考虑进去。"

"归结起来,合同至少应该在五个部分对押金作出相应规定,将押金的'前世、今生和来世'统统说出来:在前言部分,说明押金的金额、交纳对象和现状(存于A公司处);在正文部分,说明押金的性质和用途;说明合同非正常结束的情况下押金如何处理;并且,将收取押金作为合同生效的条件之一。如此才能充分保障A公司的权益。"

小然大呼意外,"哇,我真没想到,一个简单的押金条款,需要考虑的问题有这么多。"

我笑道:"这是当然的,否则客户为什么宁愿付你律师费都不自己做?就是希望你比他想得多,想得周到。面对同样一件事情,客户想到了点,律师除了点还想到面;客户想到了某个环节,律师还想到了整个过程。"

我最后总结道:“首先学会想,你才可能学会写。写出来的文书不一定很长、很复杂,但思考过程必定要很周到、很缜密。所以说,律师工作的特色之一,就是把简单的事情想得很复杂。”

• 穿梭于简繁之间

小然边点头边开始收拾文件,起身欲走,我叫停了她,问道:“你打算回去写一份很复杂的文件给我吗?”

小然觉得很奇怪:“是啊,刚才说了这么多,如果不写复杂些,如何能够把这些内容都包括进来?”

我笑道:“你又错了,我的话还没有说完。律师工作还有另外一个特色,就是将很简单的事情想得很复杂后,还有一步,就是必须把最后写在纸上的东西变回很简单”。

小然重新坐下,耐心听我解释。

我解释道:“我们要先看看这份初稿缺什么内容,除了前述问题外,最主要的是框架结构非常差,所以丢三落四,遗漏了不少条款,我记得你学过我的‘合同七大模块’课程,为什么不按照我的模块理论分析一下呢?例如在主义务模块,显然遗漏了费用承担条款、先决条件条款、交付和验收条款;在担保义务模块,遗漏了陈述和保证条款;在责任分配模块,遗漏了合同解除条款;在合同执行模块,遗漏了效力取代条款等。”

小然一边点头,一边记录。但是,她看起来仍然很茫然,因为内容太多了。于是,我拿出一张纸,帮她把合同重新搭建了一个框架。

小然根据我的修改建议,将稿件拿回去重做。后来我才知道,她为此加班到深夜。即便如此,我还是从中挑出了若干处细节错误,以致她第二天又对合同反复核对多次,最后才发出定稿(见附文2.2)。

其实,要把任何貌似简单的事情,真正想好做好,都绝对不简单。禅宗有云,参禅之初,看山是山,看水是水;禅有悟时,看山不是山,看水不是水;禅中彻悟,看山还是山,看水还是水。貌似简单的任务背后,实质有多复杂,需要投入多少精力,才能将它做到极致,达到完美的程度。恐怕只有身处其中,才能真正了解。

附文:

2.1 《L广场商铺租赁合同》(初稿)

(合同首部略)

一、租赁商铺

乙方租赁甲方商铺地址为:C市××路××号(即L广场)商铺____号。该商铺的用途仅为经营_________之用。

租赁商铺的面积为:________平方米。

二、租赁商铺的期限

该商铺的租赁期限自2007年7月1日起至2007年12月31日止。

三、租赁商铺的租金及支付

1. 该商铺每月的租金为人民币__________元(大写:人民币__________元)。乙方续租该商铺自2007年7月1日起至2007年12月31日止租金共计人民币________元(大写:人民币________元)。

2. 乙方应在接到甲方的《支付租金通知书》之后五日内,一次性将5个月的租金足额支付至甲方在《支付租金通知书》中指定的收款账号上。

四、双方权利义务

(一)甲乙双方一致确认,如本合同与本合同附件一的《L广场商铺租赁合同》不一致的内容,以本合同的约定为准。

(二)甲方权利义务

1. 甲方有权随时向第三人转让该商铺,应当提前10天通知乙方,甲方向第三方转让该商铺无须征得乙方的同意;

2. 合同期间,甲方如需提前解除合同,应提前1个月书面告知乙方;

3. 租赁期满或是合同解除后,甲方应当根据乙方提交的押金收据,向乙方无息返还租赁押金。

(三)乙方的权利义务

1. 乙方在租赁期间内,不得将该商铺转让、转租或分租予他人(包含与人合作),否则作为违约处理。

2. 因乙方原因导致的使用不当或其他人为原因而使该商铺或设备损坏时,乙方负责赔偿或按原样修复。

3. 乙方必须按合同规定的用途使用该商铺,未经甲方同意不得擅自更改用途或另行经营其他项目。

4. 在租赁期间,乙方必须遵守大厦物业管理处制定的各项安全管理条例,做好各项安全措施,如用电安全、防火安全、防盗安全等。如因乙方原因引起的损失和责任全部由乙方承担。若因不可抗力的原因造成房屋及其设备损坏的,乙方不承担责任。

5. 合同期满或合同解除时,乙方新增固定装修饰面归甲方所有。

6. 合同期满后,如乙方愿意续约,必须在合同届满前1个月书面提出,在同等条件下乙方享有优先租赁的权利。

7. 乙方确认,甲方向第三人转让该商铺时,无须征得乙方的同意,乙方自愿放弃优先购买权,此条款同时适用于本合同附件一所签署的《L广场商铺租赁合同》。

五、违约赔偿和合同解除

1. 因不可抗力使合同不能继续履行或给任何方造成损失的,双方互不追究对方责任。

2. 乙方逾期交付费用等,由甲方按第三条规定的租金总额向乙方每日加收1‰滞纳金。如乙方超过30天不缴纳欠费,甲方有权收回该商铺,同时向乙方追缴拖欠的各种费用。

3. 乙方违反本合同第四条第三款的规定的,甲方有权单方宣布撤销或解除本合同,同时收回该商铺,并没收乙方支付的租金。

六、合同争议的解决

本合同在履行中如发生争议,双方应协商解决,协商不成时,向甲方所在地的人民法院起诉。

七、合同的效力及其他

本合同自甲乙双方签字盖章之日起生效。本合同一式两份,甲乙双方各执一份,均具同等法律效力。

(合同尾部略)

2.2 《房地产租赁合同》(定稿)

房地产租赁合同

编号:(××××)租字第(　)号

出租方(甲方):A公司
公司地址:C市××路××号××大厦
联系电话:××××××××

承租方(乙方):________________
身份证号码:________________
联系地址:________________
联系电话:________________

鉴于:

1. 根据中华人民共和国商务部的批准,K公司(下称"K公司")将C市××路××号(即L广场)商铺________号(下称"承租商铺")以出资形式转移给甲方经营管理;

2. K公司与乙方原于××××年××月××日签订的承租商铺租赁合同[合同编号:(××××)租字第(×)号],租赁期限将于2007年6月30日届满,前述租赁期内的租金已经由乙方向K公司交清,乙方另于______年______月______日向K公司交纳了押金人民币______元(下称"押金"),K公司已将前述押金转给了A公司。

甲、乙双方经友好协商,就乙方续租承租商铺的有关事宜达成如下合同,以资共同遵守履行:

一、承租商铺

甲方出租给乙方的商铺(承租商铺)基本情况如下:

地址:C市××路××号L广场商铺______号

面积和四至:按承租商铺的房地产权证载明为准。

二、租赁期限

承租商铺的租赁期限自2007年7月1日起至2007年12月31日止,但本合同另有规定的除外。

三、承租商铺租金及支付办法

承租商铺每月租金人民币______元(大写:人民币______元),租赁期限内租金总额为合计人民币______元(大写:人民币______元)。乙方保证在接到甲方的《支付租金通知书》之日起5日内,将上述租金总额一次性付至甲方指定的收款账号。无论乙方是否实际使用承租商铺、租赁期限是否提前届满或者本合同因乙方违约而被解除的,上述租金均不退还。

四、承租商铺押金及用途

乙方已于______年______月______日向K公司交纳了押金人民币________元(下称"押金"),K公司已直接将前述押金及其相关的权利转给了A公司,乙方同意前述押金作为乙方按时和全面地履行本合同义务的保证,押金用途按照本合同相关规定执行。

五、承租商铺的其他费用

凡承租商铺在承租期间所产生的一切费用,包括但不限于物业管理费、水电费和其他杂费均由乙方承担和及时交纳。

六、承租商铺的交付

承租商铺已经在本合同签订前实际交付给乙方并在正常使用当中。

七、承租商铺的使用

乙方保证在承租期间,按照如下规定使用承租商铺:

1. 承租商铺为乙方自用,具体用途是________________,乙方保证按上述用途亲自使用和经营,不擅自更改用途、不将承租商铺转租或分租予他人以及任何形式的合作或合伙经营。

2. 自觉维护承租商铺房屋安全和设备完好，因乙方使用不当或其他人为原因而导致损坏时，负责赔偿或按原样修复。

3. 守法经营，遵守 L 广场物业管理公司制定的各项物业管理规章制度，做好用电、防火安全和防盗等各项安全措施。

八、合同解除

1. 租赁期间，如甲方有需要提前解除合同的，应提前 1 个月书面告知乙方，双方按时做好商铺交接事宜，乙方已交纳的租金按照实际使用期限扣减，剩余部分连同乙方交纳的押金（乙方须提交押金收据原件）无息退还乙方。

2. 如乙方违反本合同有关规定的，甲方有权宣布本合同承租期限即时届满并宣布解除本合同，同时收回承租商铺，没收乙方已交纳的押金并要求乙方赔偿甲方因此受到的损失。

3. 如乙方逾期交付其他费用而导致甲方被追索或承担的，甲方有权按照欠交费用总额每日 1‰计算乙方的滞纳金。甲方有权在乙方押金当中扣除前述滞纳金。如乙方超过 30 日仍未缴清欠费的，甲方有权收回承租商铺。

4. 如甲方按照本合同规定收回承租商铺而乙方拒不交还的，甲方有权按照本合同规定的承租商铺租金标准的 150% 向乙方收取承租商铺占用费。甲方有权在乙方押金当中扣除前述商铺占用费。

九、合同终止和续租

1. 本合同约定的租赁期限届满后如乙方愿意续约，应当在合同届满的 1 个月前以书面形式向甲方提出，在同等条件下乙方享有优先租赁的权利，逾期则视同乙方放弃上述权利。

2. 本合同约定的租赁期限届满后乙方不再续租的，应当于届满后的 15 日内向甲方提交押金收据原件，甲方经审查认定乙方没有违反本合同规定后及时向乙方无息返还押金。

十、合同解除或终止后商铺附属物的处理

无论本合同因何等原因终止或解除，乙方遗留在商铺内的物品、自行添置的固定装修饰面(无论是否经甲方同意),甲方均有权自行处理或无偿归甲方所有。

十一、合同生效的先决条件

1. 甲方已经收齐本合同规定的乙方押金和第三条规定的承租商铺租金。

2. 鉴于甲方有可能在租赁期内转让承租商铺,乙方在此确认已经收到甲方的转让通知并同意放弃对承租商铺的优先购买权,但甲方以及承租商铺的买受人应当保证本租赁合同的有效性维持不变。

3. K公司与乙方原于××××年××月××日签订的承租商铺租赁合同[合同编号:(××××)租字第(×)号]已经终止和全部履行完毕,但涉及押金的权利义务转由甲方享有和承担。

十二、附则

1. 本合同内容如与K公司与乙方原于××××年××月××日签订的承租商铺租赁合同[合同编号:(××××)租字第(×)号]内容不一致的,以本合同规定为准。

2. 本合同一式两份,甲乙双方各执一份,均具同等法律效力。

(尾部略)

三、四地律师的时空连线

人物:高律师(中国律师)、简律师(香港律师)、N先生(香港法律专家)

案情:一件横跨中外四地、标的数千万的合同纠纷,最终在广州、东莞、香港、澳大利亚四地律师联手之下,成功地圆满解决。

• 标的上千万

2006年夏,午后,H市中心某商业大厦的本所办公室。

阳光透过高大的落地玻璃窗,弥漫整个办公室,即使空调开得很大,仍然能够感受到阳光的温度。

我正与分所的一位律师讨论案件,桌面的电话响了起来。原来是我们分所的一个客户——A集团的经理打来的,他向我们紧急通报了一个刚刚发生的千万元索赔大案:

几分钟前,A集团收到了法院发过来的一份起诉状,与他们有生意往来的B集团,以他们没有按合同准时提供铜材,迫使B集团以高昂价格另行采购,蒙受损失上千万元为由,向A集团下属的A2公司提出索赔。

过了一会,前台秘书送来了A集团传真过来的资料,我们马上开始了研究。本文因篇幅所限,仅列出起诉状和合同(详见附文3.1和附文3.2)。

这是一个跨越中国大陆和香港,同时牵涉内地和香港之间的四家公司的连环购销纠纷案。

案件的一方,是我们的客户,负责供货的是A集团,由位于香港的母公司A1公司和位于H市的A2子公司组成;另外一方,是本次诉讼的原告B集团,由位于香港的母公司B1公司和位于H市的B2子公司组成,关系如下图:

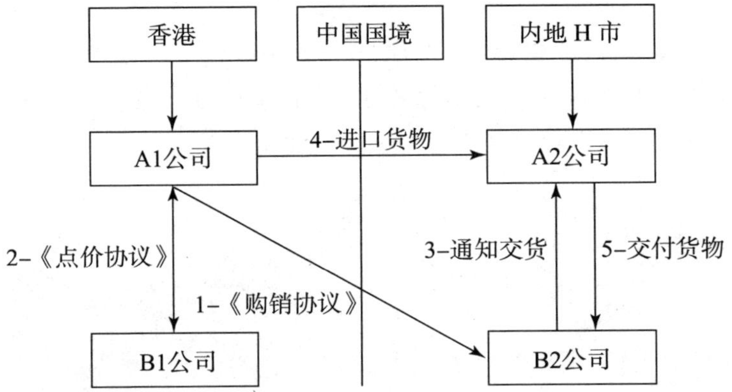

● 程序很重要

这个异常复杂的贸易流程是这样的:

1. A集团和B集团是长期贸易合作伙伴。根据以往的惯例,他们每隔一段时间,就签订一份总体性的《购销协议》,作为双方贸易往来的框架性文件。这些协议中约定,在一定期限内,A集团下属公司向B集团下属公司提供一定数量的铜。但是,双方因为长期合作的关系,对于签约和履行主体并无严格区分,以往的协议文本,有时是香港公司签名盖章,有时是H市的子公司。而本案当中的那份《购销协议》,代表A公司一方盖章的是香港A1公司,代表B公司一方盖章的则是H市的B2公司,即上图程序1。

2. 每次发货之前,A集团和B集团会就该批货物的发货价格、数量和交货时间等,再签订一份《点价协议》,即上图程序2。然后,B集团依据该份《点价协议》,通知A集团交货。A1公司则自行将货物从香港进口至A2

公司处,做好交货准备,即上图程序 3 和程序 4。

3. A2 公司收到货物后,按照《点价协议》规定,按时将货物送到 B2 公司处,即上图程序 5。

“这样的话,双方权利义务很清楚啊,纠纷既然发生在两家香港公司之间,而且双方有约定仲裁地在香港,为什么会跑到 H 市起诉呢?”我感到很奇怪。

“我也觉得是这样,但法院的人说他们受理有充足依据。”A 集团经理也觉得很无奈。

“其实我们很冤枉。因为我们实际上一早就准备好货物,还将《点价协议》盖上 A1 公司的公章,发给了 B1 公司。但是,他们迟迟不将《点价协议》盖章送回,也不发出送货指示,我们只好一直等待。双方约定期限届满,我们自然将货物转卖第三人。想不到 B 集团现在倒打一耙。肯定是因为最近国际市场上铜的价格猛涨,B 集团如果通过其他途径补货,要多付上千万元,所以就采取这种手段,想将损失转嫁到我们头上。我想,这个官司他们应该打不赢的,因为我们的道理很充足。”A 公司经理说得很轻松。

“我们的分析结论恰好与你的相反”,我回答,“我相信你说的是事实,但问题是缺乏证据。这个交易内容实际由《购销协议》和《点价协议》两份合同组成,履行过程的前半段在香港,后半段在大陆境内,跨越香港和内地两地。因为法域限制,内地法院只受理大陆境内的法律纠纷,因而即使你们采集到香港段的证据,法院多数也不会采纳。没有这段证据,整个贸易过程就无法完整还原,仅凭大陆境内的证据来判,很容易判决你们公司违约的。”

这个分析显然出乎 A 集团经理的意料,他有点将信将疑。

我继续解释道:“关于这个担心,有个佐证,就是《点价协议》里面本来就有明确的仲裁条款,如果没有其他异常因素的影响,法院通常是不会受理此案的。但是,H 市法院的做法违反常理,这反映出 B 集团可能与 H 市法院有不错的关系。两个不利因素一结合,这场官司如果放在 H 市法院审理,凶多吉少啊!”

“我们双方约定了仲裁条款,法院怎么可以随便认定无效呢?”A 集团经理口气开始动摇了。

“这个仲裁条款被宣告无效,也不是完全没有道理。因为中国法律规定,选择涉外仲裁的前提是你的合同需要有涉外因素的连接点。也就是说,签署主体或者合同主体必须有至少一个涉外因素。

“此案当中,B集团出具了盖有H市B2公司公章的原件,据此主张合同是H市的A2公司和B2公司签署的;另外,B2公司肯定会认为,买卖仅发生在A2和B2公司之间,也就是仅仅发生在中国大陆境内,与香港的A1和B1公司无关。如果再加上法院偏袒对方,即使你采集到香港段的履行证据,法院也极可能不采纳,如此,这个官司你就输定了。”

“啊!完全没有想到。看来真的很麻烦,你有什么解决办法呢?”A公司经理现在发觉,自己对案件的判断出现了重大偏差。

我继续说道:“无论什么样的法律解决方案,都离不开实体抗辩或程序异议两条。这个案件当中,既然我们有仲裁条款在手,就应当充分运用程序对抗,胜算更大,而且费用更低。”

我建议坚持申请由香港仲裁庭进行仲裁,一是便于查证纠纷的起源和所有证据,方便仲裁庭了解全部案件事实和公正分清双方责任;二是由于香港仲裁费用比内地高很多,B公司如果滥用诉权,还需要考虑诉讼成本问题;三是选择在香港仲裁,能够比较好地排除B公司在H市法院的主场之利,有助于案件获得公正审理。

其后数天,我一直在外地出差,期间通过移动电话,与我们H市分所的律师、客户的H市公司经理以及客户公司总部(香港公司)老板四方召开了数次电话会议。我们为客户构建了具体操作方案并力陈利弊,最后终于说服了客户。

但是,客户始终还是心存疑虑,要求我们做好两手准备,一是积极做好专业工作,确保管辖异议成功;二是寻找相关人脉资源,以备异议一旦被驳回,做好在中国内地法院应诉的准备。

对于客户的后一要求,我作为一个工作多年的律师,基于中国目前的法治现状,非常理解。但是,基于我们的行事风格和对案件的专业分析,我认为不应该也不需要满足这样的要求。我于是指示分所的律师,做好客户另外找律师的心理准备,同时回复给客户如下三点意见:

第一,根据中国法律,我们认为,本案提出管辖权异议,合法合理,法院必将采纳。如果为了加强说服力,可以增加聘请香港法律专家出具法律意见书,依据香港法律阐明该条款的合法性和可执行效力,但是无须另外找人脉关系。

第二,如果案件最终被留在H市法院审理,由于H市法院在此案当中表现得相当积极甚至过分积极,因此我们估计一审结果注定是败诉,找人脉关系也白搭。

第三,我们在H市法院找不到任何关系,没有办法满足客户的后一要求(实际上,我们在H市已经开业数年,不熟悉某个法官或者没有一些朋友、同乡关系是不可能的,只是我们不愿意走这样的门路)。

• 电话打到澳洲海边

客户犹豫再三,最后还是下定决心,将案件全权委托我们处理。接到客户从香港打过来的确认电话时,我正驱车从H市回广州的路上。此时,距离本案的管辖权异议截止期限只剩下不到5个工作日。

应诉工作,尤其是寻找香港法律专家查明香港法律的任务,迫在眉睫。如果不能按时找到符合要求的香港法律专家,一切努力都将失去意义。我们和A集团同时行动起来。

我赶回办公室,向我们所的香港合作律师行发出了如下询问邮件,同时直接拨通了香港律师的电话,解释清楚我方目的,要求香港律师大力配合。

TO:香港××律师行××律师
FROM:广东××律师事务所汪××律师

关于:A公司寻求香港法律专家意见相关事宜

香港A公司系我行当事人,近日该当事人向我行提交××号《购销合同》及其他附属文件,委托我行寻找香港法律专家或香港仲裁机构权威人士,就如下案情和询问的问题出具专家意见。

根据前述合同第4条注明:"此合同以香港法律为依据,所有仲裁在香港进行"。A公司希望该专家能够依据香港法律规定,针对上述条款答复如下问题:

1. 在香港法律之下,该条款是否为合法有效之条款?
2. 该合同是否应当而且仅应当选择仲裁方式解决并在香港进行?

3. 合同双方如何选定仲裁机构、仲裁员和仲裁程序?

4. 仲裁结果是否对合同双方均有法律约束力和强制执行效力?

该专家意见将作为我行当事人与相对方关于前述合同纠纷的专家意见,提供给内地法院作为诉讼证据使用。为便于我方和内地法院阅读,请在专家意见当中列出回答上述问题所引述的香港法律条文内容和相关案例名称,并详列检索方法或出处。另外,请随出具该等专家意见的专家个人简历和专业资格,以证实专家身份和专业意见的权威性。

鉴于本案的诉讼期限所限,上述专家意见务必最迟于2006年××月××日下午5点前先以传真方式发送给我行×市分所×××律师接收,以便我方及时将专家意见转给内地法院,文件正本可以随后寄送。

(尾部略)

香港简律师的反应很迅速,当天就为我们推荐了一位香港法律专家——N先生。

当我打开他的简历,我顿时有种眼前一亮的感觉:原来这位专家不仅担任过香港最高法院法官,而且在长达15年的时间里,一直担任香港国际仲裁中心的主席职务。此外,他还在国际特许仲裁学会、香港仲裁司学会、新加坡仲裁司学会、中国国际经济贸易仲裁委员会担任职务,并曾经在欧洲、亚洲、澳洲和美洲的至少14个不同法域中主持过仲裁。

就是他啦!我感觉。

于是,我迅速地将N先生的简历转发给客户,客户考虑了一天,最后才决定委托。此时,距离提出异议的截止期限还剩不到3个工作日了。

此刻,N先生人却不在香港。原来早在一周前,他已经放下手头的工作,飞到阳光灿烂的澳大利亚海边度假去了。此刻,他正悠闲地躺在沙滩椅上,面对波光粼粼的太平洋在晒太阳。

很明显,如果等他回香港再处理,这个案件已经过期。怎么办呢?鉴于事情紧急,简律师直接拨通了N先生的手提电话,向他说明了案情的紧急性。N先生不愧是一位专业人士,很敬业,同意马上开始工作。

在焦急等待N先生专家意见的同时,我们分所的律师先行起草了管辖异议书(见附文3.3),将整套的异议文件准备妥当,就差一份香港法律专家意见了。

就在截止日即将届满的前一日,我在广州、分所律师在H市还有香港律师在香港,三地律师都在翘首等待着来自于澳大利亚的回复。

下午 5:00,一封电子邮件从阳光灿烂的澳大利亚发出,通过互联网,直达夜色初临的香港,这就是我们等待已久的专家意见英文稿。香港律师马上开始接力,将英文稿翻译成中文。

晚上 11:00,我的手机响起来了,是简律师打来的电话,他们对几处中文译法不能肯定,打电话过来和我讨论。我们交谈了 10 多分钟,将几个关键地方都澄清了。简律师略带歉意地说:“不好意思,这么晚还打搅你休息。”我朗朗一笑,“没什么,这就是律师工作的特点嘛,你们不也一样在加班吧,反倒是感谢你们的支持和敬业啊。有问题尽管再打过来,我等着”。

我放下电话,打开手提电脑,挂上网,等待着香港的回音。果然,从 11 点多到 12 点多,香港律师接连给我打了好几通电话,大家对专家意见的表达和中文翻译进行了反复核对,最终圆满完成中文稿。

凌晨 1 点 40 分,我的电脑桌面右下角图标闪动,告诉我有新的邮件信息,专家意见的中文稿传过来了。几乎同时,香港律师的确认电话也到了。

一份专家意见,在三个工作日内,辗转澳洲、香港、广州和 H 市四地,历经内地和香港两地律师的共同努力,终于宣告胜利完成(见附文 3.4)。这些专家意见为我们详细地解释了香港法律之下的仲裁制度和对此案仲裁条款的效力,充分肯定了我们对于案情预测意见的判断。

● 原告的反击战

在我们将专家意见递交内地法院后,对方显得比较意外,想不到我们有此一招。但对方也不甘示弱,旋即向法院提交了《答辩状》(见附文 3.5),主张仲裁条款无效。而且“针尖对麦芒”,也找到一位香港律师出具专家意见(见附文 3.6)。

我翻开对方的《答辩状》,观点和理由无不在我们的意料当中。再翻开对方的《香港法律专家意见书》一看,这位专家原来也是有多年工作经验的律师,也从事过仲裁工作,但无论从专业经验和职务来看,显然都比不上我们这方。我们在专家人选上先胜了一仗。

再看这位专家的意见,观点主要有两点,一是认为香港仲裁中心不是法定的仲裁机构;二是该机构也不会作出具有法律效力的仲裁裁决。这个观点显然与我们的普遍认知有差异,我觉得成竹在胸了。

但是,我方香港律师的回复,让我们大吃一惊,他们竟然“大致上同意”对方的结论!形式似乎急转直下,难道我们真的错了?

我们马上询问那位专家,结果他回邮认为:

依据香港仲裁条例,香港仲裁的裁决是由仲裁庭作出。仲裁庭是依据双方的意愿来组成。如果双方没有共识,仲裁庭的组成仲裁员会由香港国际仲裁中心委任。但由香港国际仲裁中心委任的仲裁员组成的仲裁庭不能视为香港国际仲裁中心的仲裁庭,而仲裁庭的裁决亦不是香港国际仲裁中心的裁决。

我们的律师和客户都显得很担心,我却不这样看。我感觉对方不过是在玩文字游戏,使用大陆的法律观念,来解释香港法律之下的“合法”和“法定机构”概念。其实,香港律师也有所察觉,所以他在邮件当中表示:

很明显,问题是依照内地的法律认识来发问,请解释“法定”的意思。

经过我们和客户的紧急磋商,我向香港律师发出了如下说明邮件,希望香港法律专家N先生就如下问题补充说明。

(邮件首部略)

××律师:

你好!

对方×××律师的法律意见书是否准确,我个人认为需要进行如下澄清和分析,才能有助于正确理解本案双方的争议焦点和解决问题:

一、请注意内地法律和香港法律对于几个概念的不同解释

1.“法定”的含义和仲裁机构

按照中国法律,所谓“法定”,是指生效的法律法规条文所规定的内容,

在中国法律当中，法定则意味着存在具体的成文法律规定，而案例或司法惯例是不包括在内的，例如：中国国际经济贸易仲裁委员会的成立是依据中国国务院1954年颁布的一个行政法规。中国各地的仲裁委员会成立依据是《中华人民共和国仲裁法》这一成文法。以中国法律的观念，只有依据成文法成立的仲裁委员会，才能成为我们通常所称的"法定仲裁机构"。但是，我不认为这一判断标准和概念同样适用于香港法律下的仲裁机构。

2. 仲裁庭

根据中国法律规定，法定仲裁机构是指仲裁委员会本身。在法定仲裁机构当中，仲裁庭是一个由仲裁机构组织因应某一案件需要，根据当事人选定或仲裁机构指定而组成的临时性组织，并非法定的、常设性的机构。仲裁裁决是以某某仲裁委员会的名义作出的，并非以某一仲裁庭的名义。但是，我不认为这一标准和概念同样适用于香港法律下的仲裁庭。

二、对方专家意见当中存在的误导和混淆等问题

我认为，对方的专家意见当中关于"香港没有任何法定仲裁机构可以作出有法律效力的仲裁裁决"的说法容易误导内地法院作出如下错误结论：

(1)香港没有仲裁机构；

(2)仲裁裁决没有法律强制效力。

对于上述意见和结论，可作以下分析：

1. 香港是否存在"法定仲裁机构"或者"法定仲裁庭"？

这个问题其实正如贵方所言，是依据内地法律观念来提问。依据我对中国法律的理解，香港国际仲裁中心是否"法定"即所谓的是否有明确条文规定其存在依据并不重要，重要的是：依据香港法律，该中心的存在是否合法？因为香港属于英美法系，合法性判断并非仅仅来源于法律条文，而更多来源于判例。我认为，只要贵方找出相应的判例，证明该中心存在的合法性曾经被香港法院认可就足够了，不需要强求找出具体的香港法律条文。

2. 该中心指定仲裁庭所作出的仲裁裁决是否具有法律效力？

对方的专家意见似乎在暗示，香港国际仲裁中心的仲裁裁决没有法律效力。但基于与前面第1点同样的理由，我们认为，只要贵方找出相应的判

例,证明由香港国际仲裁中心指定组成的仲裁庭所作出的仲裁裁决曾经被香港法院认可和执行,就足以证实仲裁庭所作出的仲裁裁决具有法律强制执行效力。

综上所述,我们建议我方专家是否可以作如下补充说明:

1. 香港有唯一的仲裁机构,就是香港国际仲裁中心,但该中心与国内仲裁机构的职能不同,该中心只负责组织和指定仲裁员,具体仲裁裁决是由指定仲裁员所组成的仲裁庭名义作出的。

2. 根据香港仲裁条例或判例,由仲裁庭作出的仲裁裁决,是合法有效的,被香港法律和法院认可。

×××律师

2006 年××月××日

• 兵不血刃的胜利

其后,我们四地的律师,通过虚拟时空往来反复磋商多次,最后汇总了相关参考意见给 N 先生。

N 先生再度放下手中的钓鱼杆,从阳光灿烂的海滩,走回办公室,迅速给我们出具了第二份专家意见(见附文 3.7),澄清了香港国际仲裁中心在香港法律之下的合法身份和地位,并针对对方的意见作出了有力反驳。

同时,为了更清晰地说明本案当中的中国法律问题,我们也以中国律师身份,向法庭提供了中国律师意见书(见附文 3.8)。意见书依次回答了双方究竟有无权利规定仲裁条款、仲裁条款本身是否符合法律规定以及仲裁条款本身是否明确和是否可以有效执行四个关键问题。

文件发出去后,曾经有过一段漫长的等待。中间甚至发生过 H 市法院三番四次要求我方去做笔录,解释提出管辖异议的原因,甚至要求我方撤回管辖异议等不合理要求的情况。法院的这些反常表现,更加证实了 B 公司拥有主场之利的说法,客户对此流露出了担心和焦虑。但是,我们依然建议客户,坚定不移地按照既定方针执行。

5 个月后,我们终于收到了法院的《民事裁定书》,法院最终还是完全采纳了我方意见,以本案有仲裁条款,H 市法院对本案没有管辖权为由驳回原告起诉。B 公司自知理亏,放弃了追索,最终并未在香港提起相关索赔诉讼。

至此，我方兵不血刃，大获全胜。

附文：

3.1　对方的《起诉状》

原告：H 市 B 公司（基本情况略）

被告：H 市 A 公司（基本情况略）

诉讼请求：

1. 要求被告继续履行双方签订的 2005 年 11 月、12 月的四份《点价协议》；

2. 要求被告赔偿因未按协议供货，原告另行采购所造成的直接经济损失 2213010.5 美元（折算人民币 17704084 元）；

3. 要求被告承担诉讼费用。

事实及理由：

2004 年 12 月 6 日，原告与被告方签订了一份《2005 年购销合同》，合同约定：由被告向原告提供 8mm 低氧铜杆，数量为每月 500 吨（±5%）；结算价为（m+us ＄ 320），即每吨的交货月的 LMZ 平均现货铜交割价加上加工费 320/吨，并约定点价需在每月 10 日前约定，并于点价前付 10% 订金。付款方式为：COD（根据卖方实际重量结算）。在备注栏内，双方又约定："1. 买方必须与卖方完成国内转厂手续，收到货后 30 天必须办理手续。2. 如有品质问题，买方需于交货前一星期内提出，卖方可以退换。3. 买卖双方必须履行此合约，如有一方未能履行合同，则违约的一方必须赔偿另一方损失"。

在上述合同的实际履行过程中，双方先依当时铜的国际行情再根据合同约定的单价计算方法进行点价，签订点价协议后支付 10% 订金，被告依约送货，再由原告与被告办理海关转厂手续，之后再由被告向原告开具发票。原、被告双方从 2005 年元月至 10 月间，一直能按照合同约定履行,双方并无争议,但到2005年11月、12月时,原告委托香港B公司与被告签订了四份《点价协议》,也委托香港B公司支付了上述点价协议总量550吨总价值为2148250美元相应的10%定金214825美元(折算港币1675635元),被告却未能如约供货,给原告造成了生产断货的重大损失。为了不影响原告与下家之间的合同履行,避免造成下家索赔,防止损失进一步扩大,原告只得向其他厂家临时订货。原告向某某有限公司临时订购了铜杆100吨,单价为7487.61美元/吨,又向某某公司临时分别订购了150吨铜杆和300吨铜杆,单价分别为7462.61美元/吨和8310.86美元/吨。此价与原、被告双方在合同中约定的铜杆单价相比分别相差:3544.61美元/吨(100吨)、3532.61美元/吨(150吨)、4461.86美元/吨(100吨)、4395.86美元/吨(150吨);550吨铜杆总价值差额为3544.61美元/吨×100吨+3532.61美元/吨×150吨+4461.86美元/吨×150吨+4395.86美元/吨×150吨=2213010.5美元。此差额部分是由于被告方违约给原告造成的直接经济损失,与被告方的违约行为之间有直接的因果关系,被告方依法应给予赔偿。

原告认为,被告在2005年11月、12月签订四份点价协议后因铜价上涨而不向原告供货,是严重的违约行为,被告应向原告承担违约责任。

鉴于此,原告提出本诉讼,请求法院依法明断。

此致

H市法院

原告:H市B公司

××××年××月××日

3.2 双方签署的《2005年购销合同》

合同号:PA2005001　　　　日期:2004年××月××日

买方:香港B公司

地址、电话、联系人、传真等:(略)

卖方:香港A公司

地址、电话、联系人、传真等:(略)

买卖双方同意订立以下合同条款:

货品名称、数量、暂定价、结算价、送货指示、包装等(略)

备注:

1. 买方必须与卖方完成国内转厂手续,收到货后30天必须办理手续;
2. (略)
3. (略)
4. 此合同以香港法律为依据,所有仲裁在香港进行。
5. (略)

买方签名及公司盖印　　　　　　卖方签名及公司盖印

3.3　我方的《管辖权异议申请书》

申请人:H市A公司

(地址、法定代表人、联系方法等略)

被申请人:H市B公司

(地址、法定代表人、联系方法等略)

异议事由:

申请人因被申请人诉申请人买卖合同纠纷一案,申请人现依法在答辩期内提出管辖权异议。

请求事项:

请求贵院裁定申请人的管辖权异议成立,驳回被申请人的起诉。

事实和理由:

被申请人诉申请人一般买卖合同纠纷一案,贵院已受理。申请人认为贵院没有管辖权。理由如下:

1. 诉争合同是由香港A公司与香港B公司签订的。2005年11月和

12 月的四份《点价协议》,也同样是由上述两方签订的。诉争合同签订后,10%的订金是由香港 B 公司支付给香港 A 公司的(见被申请人提交的证据:香港南洋商业银行转账证明书)。

2. 诉争合同与四份《点价协议》均明确约定:“此合同以香港法律为依据,所有仲裁在香港进行”。因此,双方选择的准据法是香港法,关于仲裁条款效力的判定,应适用香港法律。

3. 依据香港法律,该仲裁条款以书面形式明确表示同意在香港进行仲裁,是双方的真实意思表示,属于有效条款,对合同当事人均具有拘束力。

依照《中华人民共和国民事诉讼法》第二百五十七条的规定,贵院没有管辖权。为此,特向贵院提出管辖权异议,恳请贵院裁定驳回被申请人的起诉。

此致

H 市中级人民法院

申请人:H 市 A 公司

××××年××月××日

3.4 我方的《香港法律专家意见书》

事由

我被要求就香港仲裁法的一些问题发表意见

我的专业资格(部分略去)

在伦敦大学获得法律学士学位后,我于 1965 年加入英格兰和威尔士的大律师公会,并在伦敦执业直至 1980 年加入香港律政司诉讼部(Attorney General’s Chambers in Hong Kong)。之后,我被提升为民事方面首席政府律师,并不时出任首席检察官和检察专员。

我曾先后 4 次担任过特许仲裁学会(Chartered Institute of Arbitrators)香

港分会的主席。在 1991 年到 2004 年期间,我是香港国际仲裁中心(Hong Kong International Arbitration Centre)的主席。

1990 年 3 月,我被任命为当时的香港最高法院法官,负责建筑及仲裁诉讼的审讯表下的所有案件。因此,我作出了很多关于香港仲裁法的判决,其中,很多由香港法律汇报(Hong Kong Law Reports)报道发表。

我收到的指示

A 公司是一家根据香港特别行政区法律成立的公司。从中我知道 A 公司在 2004 年 12 月 4 日和香港 B 公司(一家根据香港特别行政区法律成立的公司)签订了一个买卖合同。该合同规定,A 公司将从××××年××月到××月每月出售给香港 B 公司×××吨 8.0mm 低氧铜杆。该合同付款方式为 COD,送货地点是 H 市 B 公司。我并没有收到该合同的中文版,但是有合同相关部分的英文翻译。

该合同第 4 条写明:“此合同以香港法律为依据,所有仲裁在香港进行。”

我被要求就下列问题提供我的意见。我得知,这些问题是和即将在中国进行的关于此第 4 条是否有效的开庭审理有关的。

问题是:

1. 仲裁条款的效力是否应该以香港法律为依据?假如是,该条款根据香港法律是否是合法的和有效的?

2. 第 4 条是否意味着所有的纠纷都必须在香港以仲裁解决?

3. 根据第 4 条,当事人应该如何选择仲裁机构,仲裁员或仲裁程序?

4. 根据类似第 4 条的条款作出的仲裁裁定是否对当事人具有法律约束力和强制执行效力?

我的意见

香港合同法支持合同的崇高性。这意味着除非合同当事人的约定违反香港法律,法庭会要求双方遵守合同中的约定。

《香港仲裁条例》(香港法律第341章)(下称该条例)规范香港的仲裁法。香港仲裁法信奉合同当事人意思自治的原则。因此,除一些强制规定外,当事人可以就仲裁的很多事项达成协议。香港仲裁法使当事人之间可以就很多事项形成合意,但同时也提供了一些在没有合意的情况下适用的默认条款。

受该条例规范的仲裁协议必须是书面的(第2AC条)。该条例为"书面"做了一个宽泛的定义。但本意见不需要讨论该定义,因为合同第4条很明确是"书面"的。这个合同第4条很显然是一个书面的仲裁协议,同意就将来可能在当事人之间发生的纠纷在香港以仲裁的方式解决。

在我看来,第4条明确涵盖两个重要问题。第一句明确了该合同当事人的实质权利由香港法来决定。第二句有两个意思:一、该合同的任何纠纷应通过仲裁解决;二、双方同意仲裁的地点在香港,这意味着仲裁将在该条例规定的香港法定仲裁场所进行。

在这里,我有必要就香港仲裁法和英国仲裁法做一个重要的区别。同意在香港进行仲裁的当事人可以选择。他们可以,并且经常,协议进行一种我称之为"机构仲裁"的仲裁。举个例子,他们可以同意该仲裁将适用国际商会(ICC),或是伦敦国际仲裁院(LCIA),或是新加坡国际仲裁中心(SIAC)的规则。据此,当事人通过付费给该组织,同时让与该组织一定的权力和功能。例如,国际商会会负责该仲裁所有经济方面的问题,并在双方没有相关协议时委派仲裁员。国际商会的仲裁法庭会详细检查仲裁庭的草拟裁定,处理除确保该裁定在法律上正确(因为这完全是仲裁庭的管辖范围内的事项)之外的其他所有事项,包括确保该裁定没有错别字,涉及金额正确,并且是有效的。

香港法院会执行国际商会和其他机构仲裁作出的裁定。香港法院也将中国国际经济贸易仲裁委员会(CIETAC)作出的裁定视为机构仲裁裁定。无论是在1997年之前还是之后,很多中国的裁定已经在香港得到执行。

但是我知道还有一种仲裁是不为中国法律所知的。在香港和英国(和其他很多法系)的仲裁法规定中,一个仲裁很有可能,并且实际上是最为普遍地,不是由一个机构来操作的。这些仲裁称为“随意仲裁”。在当事人同意仲裁但没有明确规定哪个机构进行仲裁的时候,就可以进行随意仲裁。在香港法中,最为重要的是当事人同意以仲裁来解决纠纷。英国法在很久以前就决定这种意思的表示并不需要遵从特别的形式。该决定在香港也得到认同。例如,在一个英国的案子 *Tritonia Shipping Inc. v. South Nelson Forest Products Corporation* [*1966*] *1 Lloyd's Rep 114* 中,法官认为“仲裁将在伦敦进行”的条款已足以认定当事人合意以仲裁解决合同纠纷的意图。在香港案子 *Lucky Goldstar International* (*HK*) *Ltd. v. Ng Moo Kee Engineering Limited* [*1993*] *2 HKLR 73* 中,当时的香港高等法院面临一个意图适用一个并不存在的仲裁机构的规则来进行仲裁的仲裁协议。法庭拒绝否认该条款法律效力,因为法庭认为当事人愿意仲裁的意图已经以他们所用的文字表达得十分清楚。因此,在那个案子中,法庭认为当事人有足够合意进行仲裁。

相应地,应当注意在《纽约公约》(中华人民共和国是成员国)中,机构仲裁和随意仲裁是没有区别的,香港法和英国法对此也没有区别。

《香港仲裁条例》规定只要当事人同意在香港就他们的纠纷进行仲裁,他们可以自愿选择进行仲裁的方式,但是如果他们未达成一致,法院会介入并作出适当决定,以便让仲裁继续进行。

我来解释一下现在的纠纷如果在香港进行仲裁的话是如何进行的。这会是一个随意仲裁,同时也是一个国际仲裁,在香港适用的《联合国国际贸易法委员会示范法》的条款将会适用。

根据香港法律这会是个国际仲裁,因为履行合同义务的实体部分的地点,即铜杆的交货地是H市,这在双方的经营场所——香港以外[《香港仲裁条例》附表5,《示范法》第一条(3)(b)(ii)](参见香港案子 *Fung Sang Trading Ltd. v. Kai Sun Sea Products and Food Ltd.* [*1992*] *1 HKLR 1*)。

我明白当事人对买方公司的经营场所是在香港还是在H市存有纠纷。如果认定买方的经营场所在H市,此仲裁仍然是一个国际仲裁,因为双方的经营场所在不同国家(States)[《示范法》第1(3)(a)条]。很重要地,应当注意到《香港仲裁条例》第2(4)条针对《示范法》规定香港应当被视为一个国家(State)并且"不同国家"须被视为指香港和任何其他地方。

仲裁由寻求仲裁的一方向另一方送达通知书开始。该通知书必须阐明合同、合同中的仲裁条款、申索的性质和任命一名或几名仲裁员的建议(第31条)。根据香港法律,双方可以自愿选择一名或三名仲裁员。仲裁员的人数通常在双方的仲裁协议中规定。在本案中,仲裁协议没有规定仲裁员人数。一旦送达通知书,双方可以就所需的仲裁员人数达成协议。在小型案件中,为了减少费用,双方通常试图协商选择委任一位仲裁员。

但是《香港仲裁条例》第34C条规定:"如本部适用的一项仲裁协议的各方在仲裁员(即裁定该协议下所产生的纠纷的仲裁员)人数方面未能达成协议,则仲裁员的人数须为HKIAC在该个案中所决定的1名或3名。本款在将联合国国际贸易法委员会示范法第10(2)条摒除于该款的适用范围之外的情况下适用。"

HKIAC指香港国际仲裁中心。《示范法》第10(2)条中规定:如无其他规定,仲裁员应为三人。但是《香港仲裁条例》第34C(5)条排除适用此条款。《示范法》不是条约或公约,各司法管辖区可以自愿接受该示范法的全部或一部分或者全部不接受。

在决定如何根据第 34C 条行使裁量权时,香港国际仲裁中心会考虑案件纠纷的数额和复杂程度。

因此在本案中,双方可以自愿协商选用一名或三名仲裁员。如果他们不能就人数达成一致,香港国际仲裁中心会为他们决定。(中间略去部分)

如果当事人一方向香港法庭提起诉讼,但是存在一个合法的仲裁协议,那么根据《示范法》第 8 条的规定,该法庭必须中止诉讼程序。

应当注意到根据《示范法》第 5 条的规定,香港法庭只能在《示范法》中特别规定的情形下,才能介入在香港进行的仲裁程序。

当仲裁庭组成时,双方可以自愿就他们应用的仲裁程序达成协议,但是如果未达成协议,仲裁员可以根据《示范法》的条款以他们认为合适的方式进行仲裁。

《示范法》包括一些能够令仲裁庭在没有双方协议的情况下进行仲裁的条款。我认为没有必要在此意见书中阐述这些规定。

我能够确定随意仲裁条款在香港具有法律拘束力,并且根据此等条款所作出的裁决在香港具有强制执行效力。在我担任香港前最高法院法官,负责建筑及仲裁诉讼的审讯表下的所有案件的时候,我曾经承认并执行了许多随意仲裁的裁定。

1997 年前,香港因为英国替香港加入纽约公约的关系,是纽约公约的成员。1997 年后,香港因为中国将公约延伸到香港的关系仍然是纽约公约的成员。但正是因为这个原因,自 1997 年后,纽约公约不能在香港和中国大陆之间实行,所以香港和大陆政府签订了一个谅解备忘录(memorandum of understanding),双方同意在香港作出的仲裁裁定会在大陆得到执行。很重要地,这个谅解备忘录并不仅仅限于机构仲裁,也并没有排除随意仲裁。通过谅解备忘录,双方还同意中国的130个仲裁机构做出的仲裁裁定会在香港得到执行。事实上,很多这样的裁定已经在香港得到执行。据我所知,自1997年,香港的仲裁裁定已经在大陆得到执行。我自己就知道这样的一个仲裁案件,因为我担任了那个案件的仲裁庭的主席。

结论

根据我上面的讨论,我的答复是:

1. 合同的第4条是一个有效的通过仲裁解决合同纠纷的协议,对合同当事人有法律约束力,能在香港得到执行。

2. 第4条的确规定了所有因合同产生的纠纷应在香港,并根据香港的法律,通过仲裁的方式解决。

3. 一旦有纠纷出现,当事人可以自由选择仲裁机构。同样地,如上所述,他们也可以自由协商进行随意仲裁。

4. 基于类似第4条的条款作出的仲裁裁定,根据香港法律是具有法律约束力和强制执行力的。

签名:(略)

3.5 对方的《答辩状》

答辩人:B2公司(地址、法定代表人、联系方法等略)
被答辩人:A2公司(地址、法定代表人、联系方法等略)

答辩人因被答辩人就买卖合同纠纷一案提出管辖权异议,现作如下答辩:

1. 本案的答辩人、被答辩人是适格的诉讼主体,贵院对其管辖区内被起诉的被答辩人买卖合同纠纷一案具有管辖权。

2004年12月6日,答辩人与被答辩人签订了一份《2005年购销合同》,答辩人在该合同处并加盖了答辩人公章,被答辩人营运经理袁××(见证据:被告员工卡片)代表被答辩人也在该合同上有签字。答辩人委托B1公司(见证据:授权委托书)与被答辩人签订了2005年11月、12月四份《点价协议》,被答辩人营运经理袁××也代表被答辩人在《点价协议》上签字。

在本案中,香港B公司与答辩人是委托代理关系,B1公司代表答辩人签订《点价协议》的行为后果应归属与答辩人;被答辩人营运经理袁××是职务行为,其代表被答辩人签订《点价协议》的职务行为后果归属与被答辩人。

因此,《2005年购销合同》和《点价协议》两份合同的当事人是答辩人与被答辩人,答辩人因被答辩人违约行为向被答辩人所在地的贵院提起民事诉讼符合《中华人民共和国民事诉讼法》第108条之规定。

2. 被答辩人以《2005年购销合同》和四份《点价协议》约定"此合同以香港法律为依据,所有仲裁在香港进行"条款依法应认定无效。

答辩人是依照中国有关法律在中国境内成立的中外合资经营企业,被答辩人是依照中国有关法律在中国境内成立的外资企业,被答辩人也是在国内向答辩人履行交货的。

因此,本案中的合同当事人主体不具有涉外性,履行地也在中国境内,本案属于一般合同买卖纠纷,而非涉外合同纠纷,答辩人与被答辩人发生合同纠纷只能依照中国法律在中国有管辖权法院进行审理。

因此,答辩人与被答辩人在《2005年购销合同》和四份《点价协议》中约定"此合同以香港法律为依据,所有仲裁在香港进行"条款属无效条款。

退一步说,假设即使答辩人与被答辩人发生了属于涉外合同纠纷,虽然合同有约定以香港法律为依据,但香港法只能作为审理案件实体法律关系的准据法,与管辖法院没有冲突,因为中国法院一样可以适用准据法的外国法律作为审理实体法律关系的法律依据,而且,对合同约定仲裁条款是否有效的管辖程序问题应适用受理法院国法律作为依据来审查。

由于双方没有明确约定选择香港具体仲裁机构，且发生合同纠纷后也未达成补充协议，根据《中华人民共和国仲裁法》第十八条“仲裁协议对仲裁事项或者仲裁委员会没有约定或者约定不明确的，当事人可以补充协议；达不成补充协议的，仲裁协议无效”之规定，该仲裁约定亦属无效。

综上所述，答辩人与被答辩人是本案的适格诉讼主体，本案属于一般合同纠纷，而非涉外合同纠纷，答辩人与被答辩人在合同中约定“此合同以香港法律为依据，所有仲裁在香港进行”条款属无效条款，请贵院依法裁定驳回被答辩人的管辖权异议。

此致

H 市中级人民法院

答辩人：×××

法定代表人：×××(签名)

××××年××月××日

3.6 对方的《香港法律专家意见书》

事由

我接到××律师事务所代表 H 市 A 公司要求，以香港法律专家身份，就上述诉讼案件发表法律意见，并得悉所争议之事项是关于“低氧铜杆”的买卖合同，现按照我所收到的指示，对所收到的问题逐一作出我的法律意见。

我的专业资格及有关个人履历

我成为香港高等法院执业律师约 18 年；2000 年获中国司法部委任为中国委托公证人，同年获香港特别行政区政府委任为太平绅士，2003 年获香港国际仲裁中心合资格专业调解员资格，此外我亦获香港特别行政区政府委任多项公职。(部分略去)

我被要求发表法律意见的问题:

关于H市A公司诉H市A公司一般买卖合同纠纷一案,请就下列问题发表法律意见:

(一)香港有否法定仲裁机构可以作出有法律效力之仲裁裁决?

(二)如有,请列出该等法定仲裁机构的名称。

(三)“香港国际仲裁中心”(HKIAC)是否一个法定的仲裁机构?

我的法律意见:

a. 从问题的前言得知,本案的纠纷是起因自“一般买卖合同”。所以所需仲裁裁决的法定权力依据,必需清晰无疑地涵盖为“一般买卖合同”争议作出仲裁裁决的权力;以我所知,“一般买卖合同”这个名词本身在香港没有法律定义,我将它理解为泛指所有买卖合同(有法律特别规范者除外),理应包括有关货品例如服装或原材料例如铜、铁等的买卖合同,我的意见亦基于这个理解而作出;我对“法定仲裁机构”这个名词的理解是指香港法例明文赋予仲裁权力的机构,基于这个定义来看,香港特区没有任何法例赋予任何仲裁机构为“一般买卖合同”作出有法律效力之仲裁裁决,所以我的意见是:在香港没有任何法定仲裁机构可以为一般买卖合同作出有法律效力之仲裁裁决。

b. 假若本问题的含义还问及关于“一般买卖合同”以外的仲裁裁决,则我还需指出,香港某些特定法例会对某些特定争议作出仲裁的规范;例如,香港法例第571章证券及期货条例第118(1)(b)条,便在特定情况下,赋予当事人权力,可单方将涉及证券及期货类活动的任何与证券及期货商间的争议提交仲裁,并按照法定的仲裁规则解决该争议;有关的附属法例第571F章,第4条还规定设立一个名为“仲裁小组”的小组,由财政司司长委任合适人士担任仲裁小组的成员;有关仲裁员所作出的裁决属最终的裁决,对各当事人一方均有约束力[见第28(6)条]。又如,按照第55章劳资关系条例第12条,某些劳资关系在特定情况下可交由行政长官会同行政会议委任的“仲裁庭”作出仲裁裁决。我的意见是:类似上述的“仲裁小组”及“仲裁庭”都是可以作出有法律效力之仲裁裁决的法定仲裁机构;由于不同法例可以对不同的仲裁有所规定,所以其他例子不能尽列。

c. 根据“香港国际仲裁中心(HKIAC)发表的介绍资料,它成立于1985年,是一个非营利的有限责任公司,其目的是为有纠纷的当事人提供协助,以通过仲裁或其他方式解决争议,在组织结构上它完全独立于香港政府之外。按照香港法例第341章仲裁条例,它有法定权力以完善合同中条款的某些特定不足之处,例如在某些情况下为某一争议委派仲裁员(见第12条),或决定仲裁员数[见34C(3)条];但无论如何,香港法例亦从没有赋予它任何仲裁权力,它不能亦不会作出有法律效力的仲裁裁决;所以我的意见是:“香港国际仲裁中心”(HKIAC)绝对不是一个法定的仲裁机构。

×××律师

××××年××月××日

3.7 我方的《香港法律专家补充意见书》

本人于2006年××月××日就上述事宜所出具的法律意见书,该意见书应与本补充法律意见一并阅读。

本人近期看过B公司律师先生出具的法律意见书之简略英语译本。因应B公司律师出具的法律意见书,要求本人特别就下列各点发表意见:

(a)依据何等香港成文法律和判例,当事人双方约定在香港进行仲裁的时候,当事人应当向何机构或仲裁组织申请对纠纷事项进行仲裁?

(b)依据何等香港成文法律和判例,上述机构或仲裁组织成立和存在的合法性是否被确认?

(c)依据何等香港成文法律和案例,上述机构或仲裁组织所作出的裁决,是否被香港法律和法院普遍接受并且可以被强制执行?

相信本人已明确地说明,根据香港法律,当事人可自由地议定依哪一仲裁机构的规则进行仲裁。因此，当事人可议定在香港进行仲裁，依据某一仲裁机构的规则进行并由该机构主理。例如，国际商会(ICC)、伦敦国际仲裁院(LCIA)、斯德哥尔摩商会(SCC)、美国仲裁协会(AAA)或新加坡国际仲裁中心(SIAC)等主要的仲裁机构。据本人对事件的了解，虽然可以在香港进行独立的听证会，然而，未必能够在香港进行由中国国际经济贸易仲裁委员会(CIETAC)主理的仲裁。

不过，当事人可纯粹议定在香港进行仲裁，而不必指定须依据任何仲裁机构的规则进行，这亦是很普遍的做法。

为了清楚阐明此点，本人将援引香港法律的两项条文。

正如本人在我的法律意见书中所说，《仲裁条例》第31条是关于展开仲裁。该条订明：

“(1)仲裁协议的一方向另一方或多于一方送达通知书，要求他或他们委任或赞同委任一名仲裁员时，仲裁即当作展开；如仲裁协议规定争议须提交予协议中所提名或指定的人，则在仲裁协议的一方向另一方或多于一方送达通知书，要求他或他们将争议呈交该被提名或指定的人时，仲裁即当作展开。

(2)第(1)款所述的通知书可以下列方式送达——

(a)递送予须予送达的人；或

(b)将通知书留在该人在香港的通常居住地方或最后为人所知的居住地方；或

(c)按该人在香港的通常居住地方或最后为人所知的居住地方而借挂号邮件将通知书致予该人，通知书亦可以仲裁协议订明的其他方式送达，而若是以(c)段所订明的邮递方式寄送通知书，除非相反证明成立，否则该通知书须当作为已循照通常的邮递程序寄达受件人。”

由此看来，条例中并无规定任何的仲裁机构。这是因为很多在香港进行的仲裁，均无指定由哪一仲裁机构主理。另一方面，当事人如已议定根据

(举例说)国际商会仲裁院的规则在香港进行仲裁,则该等规则将适用于展开仲裁以及其后的所有仲裁阶段。

1985年7月,联合国成员国获得建议采用《联合国国际贸易法委员会国际商事仲裁示范法》。香港所采用的《示范法》,差不多是其原装版本,并于1990年4月成为香港法律的一部分,成为《仲裁条例》附表5。香港自1990年起已制定经改进《示范法》,但该等改进条文,对于本人在此讨论的事项并无任何重大意义。

就现时的目的而言,本人只需提述第19条,内容如下:

"(1)在不违背本法规的情况下,当事人各方可以自由地就仲裁庭进行仲裁所应遵循的程序达成协议。

(2)如未达成这种协议,仲裁庭可以在本法的规定的限制下,按照它认为适当的方式进行仲裁。授予仲裁庭的权力包括确定任何证据的可采性、相关性、实质性和重要性的权力。"

这颇为明显地表示,当事人意思自治是最为重要的。当事人各方可就仲裁庭所应遵循的程序达成协议,但当事人各方如未能达成协议,仲裁庭可依其认为适当的方式进行仲裁。因此,当事人各方如已同意进行机构仲裁,则该机构的规则将构成仲裁规则。当事人各方如未能就程序规则达成协议,则由仲裁庭决定。

本人注意到B公司律师提述"法定的仲裁机构"。不过,他没有说且他不可以说根据香港法律,进行仲裁的先决条件是须有此类仲裁机构。

倘本争议不能通过友好协商解决,申诉人将需要送达一份仲裁通知书,要求被诉人赞同委任一名仲裁员。被诉人若同意的话,该名被选中的人士将进行随意仲裁。被诉人如不赞同委任一名仲裁员,申诉人则可根据《仲裁条例》第12条,向香港国际仲裁中心申请委任一名仲裁员,而该获委任的仲裁员将进行仲裁。香港国际仲裁中心每年至少做出40个此类委任。由香港国际仲裁中心委任的仲裁员依其法定授权作出的仲裁裁决均具约束力，可以香港和其他地方予以强制执行。

依本人的法律意见书与补充法律意见书看来，本人认为B公司律师时常提述“法定的仲裁机构”及“仲裁机构”概与在此所涉的主要事项无关。我们在此讨论的是在当事人日期为2004年12月4日的合同项下发生的一切争议，是否可依香港法律通过仲裁解决，十分明显地这是可以的。

本人曾以大律师及仲裁员的身份（1990年之前），而其后只是以仲裁员的身份在香港进行过不少随意仲裁。在那些个案中，当事人各方一旦没有达成协议，由仲裁庭指定将使用的程序，当中并无涉及任何仲裁机构。这些个案中的仲裁裁决已在香港执行，并且根据《纽约公约》，亦已在为数不少的其他司法管辖区内予以强制执行。本人曾根据《纽约公约》，以司法身份执行过香港及其他地方做出的随意仲裁裁决。

依本人的意见，毫无疑问，香港法律下是容许进行随意仲裁/非机构仲裁的，且这种情况十分普遍。本人实在不明白为何B公司律师将之否定——又或者他可以将之否定吗？

相信本人已明确地说明，《纽约公约》（中国早已是成员国）又或是《示范法》均没有规定必须通过仲裁机构进行国际商业仲裁。再者，在《关于内地与香港相互执行仲裁裁决的安排》下，机构仲裁裁决与随意仲裁裁决的可强制执行性是没有区别的。据本人所知，并无任何中国法院曾以其是随意仲裁为由而拒绝承认有关裁决。

香港国际仲裁中心（HKIAC）

香港国际仲裁中心于1985年注册成立，自其开始运作以来，本人已是该中心的管理委员会成员，且在1991年至2004年期间，本人出任该中心的主席。根据《公司条例》第21条，香港国际仲裁中心是一家成立为法团的担保有限公司，但获公司注册处处长准许从其公司名称中略去“有限公司"一词。香港国际仲裁中心自1985年7月5日起,根据《税务条例》第88条,获豁免纳税义务,此外亦根据《商业登记条例》的条文获得豁免。

《仲裁条例》第2条中定义了香港国际仲裁中心。一如B公司律师正确地指出,香港国际仲裁中心在《仲裁条例》项下具有若干法定职能。另值得注意的是,就香港国际仲裁中心委任仲裁员而言(可以是法定或合同约定的),已由香港首席法官制定规则,并经香港立法会批准。此等规则可浏览香港国际仲裁中心的网页 www.hkiac.org。

另外,很重要并应注意的是,当事人各方如在其合同中议定或在争议发生后,香港国际仲裁中心是可以管理仲裁的。在此情况下,仲裁员将拟备及签署仲裁裁决,之后盖上香港国际仲裁中心的印章。香港国际仲裁中心在仲裁管理方面,有一套既定规则,详情可浏览香港国际仲裁中心的网页。

总结

可以绝对清晰地看到,根据香港法律,不必一定要有管理的仲裁/机构仲裁。随意的—非管理的仲裁是很普遍的,且经常在香港及其他地方内予以强制执行。

N先生(已签署)

××××年××月××日

3.8 我方的《中国律师意见书》

尊敬的审判长、审判员:

××律师事务所H市分所接受申请人H市A公司委托,指派×××律师作为其与H市B公司合同纠纷一案的代理人。本律师现依据本案相关事实与法律,向法庭提出如下法律意见:

一、本案的主体、标的物、付款行为均具有涉外因素，属于涉外民事纠纷

1. 本案的主体具有涉外性

对于合同的相对方，双方虽然有不同意见，但是从原告B2公司提交法院起诉的合同来看，签订《2005年购销合同》（合同号：PA2005001）的卖方是A1公司（见原告提交的证据：2005年购销合同），签订2005年11月、12月四份点价协议的卖方是A1公司、买方是B1公司（见原告提交的证据：2005年11月、12月双方的四份点价协议）。上述公司注册地均在香港。因此，本案的主体具有涉外性。

2. 本案的标的物具有涉外性

本案的标的物须从国外进口，经加工后，再出口。原、被告双方于××××年××月××日签订的《2005年购销合同》中约定“先转厂后送货”，所谓“转厂”，实质是指深加工结转，其含义是加工贸易企业将保税进口料件加工的产品转至另一直属海关关区内的加工贸易企业进一步加工后复出口的经营活动，本案的标的物具有涉外性。

3. 本案的支付行为具有涉外性

本案支付订金的行为是在香港发生的（见原告提交的证据：香港南洋商业银行转账证明书），本案的支付行为具有涉外性。

综上所述，本案的主体、标的物、付款行为均具有涉外性，依照《最高人民法院关于适用〈中华人民共和国民法通则〉若干问题的解释》第178条的规定，本案应属于涉外民事纠纷，依法可以采用涉外仲裁方式进行仲裁。

二、对本案诉争合同中仲裁条款的效力认定，应当适用仲裁地即香港特别行政区的法律

根据最高人民法院的司法解释和相关案例，对仲裁条款效力的审查，应当适用当事人在仲裁条款中约定适用的法律，当事人没有约定或约定不明确的，应当适用合同中约定的仲裁地的法律。具体依据如下：

1. 相关的司法解释和案例

《最高人民法院关于香港运惟船务代理有限公司诉深圳土畜产茶叶进出口公司航次租船合同纠纷一案仲裁条款效力问题的请示的复函》(2002年7月16日 [2002]民四他字第18号):对仲裁条款效力的审查,应当适用当事人在仲裁条款中约定适用的法律,当事人没有约定或约定不明确的,应当适用合同中约定的仲裁地的法律。

此后最高人民法院对于仲裁条款效力请示的批复,均明确对于仲裁条款效力的审查,如果没有约定认定仲裁条款效力的准据法,应当根据当事人约定的仲裁地的法律,认定仲裁条款的效力。[见《最高人民法院关于湖北省出版进出口公司、湖北东湖光盘技术有限责任公司与康维克科技(成都)有限公司买卖合同纠纷一案中仲裁条款效力的请示的复函》(2004年11月12日[2004]民四他字第34号)、《最高人民法院关于仲裁条款效力请示的复函》([2005]民四他字第50号)]

2. 关于涉外仲裁的司法解释(征求意见稿)

《最高人民法院关于人民法院处理涉外仲裁及外国仲裁案件的若干规定》(征求意见稿)第十七条也规定:仲裁协议的效力,适用当事人约定的法律。当事人没有约定仲裁协议准据法但约定了仲裁地点的,适用仲裁地国家或者地区的法律。没有约定仲裁地点或者仲裁地约定不明的,才适用法院地法律。

由于本案中当事人明确约定仲裁地点在香港,根据上述司法解释,故应当适用香港特别行政区的相关法律审查本案中仲裁条款的效力。

三、根据香港特别行政区的法律,诉争合同中的仲裁条款合法有效

根据香港前国际仲裁中心主席、前政府民事首席律师、香港仲裁法律专家N先生出具的专家意见认为:

香港合同法支持合同的崇高性,除非合同当事人的约定违反香港法律,否则法庭会要求双方遵守合同中的约定。香港仲裁法信奉合同当事人意思自治的原则,当事人可以就仲裁的很多事项达成协议,也提供了一些在没有合意的情况下适用的默认条款。根据香港仲裁法和《纽约公约》的规定,仲裁协议必须是书面的,当事人可以协议就现时存在的或是将来会发生的纠

纷进行仲裁。合同备注第4条很显然是一个书面协议,同意就将来可能在当事人之间发生的纠纷在香港以仲裁的方式解决。

合同备注第4条明确了两个重要问题。第一句明确了该合同当事人的实质权利由香港法来决定。第二句明确了该合同的任何纠纷应通过仲裁解决,双方同意仲裁的地点在香港,仲裁将在《香港仲裁条例》(香港法律第341章)规定的香港法定仲裁场所进行。

因此,根据仲裁地法即香港特别行政区的法律,该仲裁条款合法有效。

四、诉争合同中的仲裁条款可以在香港国际仲裁中心主持下得到执行

1. 香港国际仲裁中心是合法成立的组织

香港国际仲裁中心(HKIAC)成立于1985年,是在香港根据《香港公司条例》(第32章)成立为法团的担保公司,《香港仲裁条例》赋予该中心多项法定权利。

该中心由香港主要商业及专业人士组成,在香港中环交易广场第二期38楼设有固定的办公场所。该中心设有委员建议委员会、理事会、咨询委员会、管理委员会、评选委员会、域名争议解决委员会、海事仲裁组、秘书长、副秘书长等二十多个组织机构,并设有仲裁员名册等。(可参阅网址:http://www.hkiac.org)

2. 该仲裁条款可以在香港国际仲裁中心主持下得到有效执行

根据香港仲裁法律专家N先生出具的专家意见,《香港仲裁条例》规定,只要当事人同意在香港就他们的纠纷进行仲裁,他们可以自愿选择进行仲裁的方式,如果他们未达成一致,法院会介入并作适当决定,以便让仲裁继续进行。现在的纠纷如果在香港进行仲裁,是一个随意仲裁,适用《联合国国际贸易法委会示范法》。在香港国际仲裁中心(HKAIC)的主持下进行。

申请仲裁的步骤如下:

(1)申请仲裁的一方向另一方送达通知书,说明合同、合同中的仲裁条款、申索的性质和任命一名或几名仲裁员的建议。

(2)确定仲裁员。双方可以自愿协商选用一名或三名仲裁员。如果他们不能就人数达成一致,由香港国际仲裁中心作出决定。

(3)当仲裁庭组成时,双方可以自愿就他们应用的仲裁程序达成协议。如果未达成协议,仲裁员可以根据《示范法》的条款以他们认为合适的方式进行仲裁。

五、贵院对本案没有管辖权

本案属于涉外民事纠纷,当事人在合同中订有仲裁条款,该仲裁条款合同法有效。根据《中华人民共和国民事诉讼法》第二百五十七条规定,贵院对本案没有管辖权,应当依法裁定驳回原告起诉。

综上所述,本案的主体、标的物、支付行为等均具有涉外性,属于涉外民事纠纷。对仲裁条款的效力认定,应当适用仲裁地香港特别行政区的法律。根据香港特别行政区的法律,诉争合同中的仲裁条款合法有效,该条款可以在香港国际仲裁中心主持下得到执行。因此,贵院依法对本案没有管辖权。

上述法律意见,供法庭参考并望采纳!

××律师事务所 H 市分所

律师(签名):________________

××××年××月××日

四、高新企业的绝地反击

人物:赵总(原告)、张某(被告)、高律师、冯律师

案情:深圳某高新科技企业的关键技术秘密,被技术主管泄露给竞争对手,严重威胁该企业的产品销售和市场份额。如何采取果断和有效措施,及时制止秘密外泄,有力打击侵权者,成为摆在公司老板和律师面前的焦急难题……

• 猝不及防致命伤

2005 年,夏日午后,广深高速路上,我独自驾车已经行驶了 3 个多小时。

沿路上几起车祸,造成广深高速严重堵车,致使我迟迟未能到达目的地——深圳某工业园区内的一家高科技企业 A 公司。对权利的漫不经心必然受到致命伤害,这是大多数车祸的成因。如此情形,与我昨天收到的电话性质类似——A 公司赵总经理打来电话,说他们发现公司某位技术主管,将公司自主创新的关键技术秘密泄露给竞争对手,严重威胁着他们公司的产品销售和市场份额。

这几乎是我国高新企业的流行病：重视技术开发，忽视法律保护，等到出事之后，才悔不当初，通常只能自吞苦果了。

傍晚时分，我终于达到目的地。穿过工业园区内熙攘的运货汽车和搬运工人，乘坐笨重阔大的载货电梯，到达A公司位于顶楼的办公室。

这是一家专业生产测试系统产品的高科技中小企业，是某国际著名的电子科技集团(以下简称C集团)软件产品基本供应商之一。公司负责人赵总经理与我相交多年，关系甚好。所以双方一见面，无须寒暄，就直接进入主题。

他向我介绍了如下情况：

2005年4月，C集团向A公司发出邀请，提出委托A公司开发代号为"B85"测试系统项目(以下简称B85)，并表明如果开发成功，则愿意大量订购该系统。

A公司遂专门组成了B85开发小组，并指派该公司测试工程师张某——即本案被告，担任开发小组的负责工程师，负责电子及软件方面的开发和设计。

为确保张某顺利完成任务，A公司向张某提供了相应的技术设备，也配备了辅助人员。张某向公司提出，由于女儿刚刚出生，因此申请在家里上班工作。考虑到张某的实际困难，A公司同意了这一申请，殊不知张某这一申请背后，其实另有不可告人的目的。

2005年6月，张某向A公司提交了B85成品，但迟迟未将相应的软件及说明文件交给A公司。

2005年8月，张某开始拖延工作，并拒绝到公司参加B85的现场调试，B85成品也随之不断出现问题。最终，因B85调试失败，A公司失去了B85的订单，张某也几乎同时悄然从A公司的视野中消失。

A公司后来才发现，张某其实还在秘密开发B85，不过雇主换成了C集团的另外一个供应商：B公司。赵总曾经很气愤地质问张某，但张某狡辩称：他是业余帮朋友工作，并未获得报酬，因而公司无权干涉；B85由其个人开发，属于其个人所有，无须向公司返还。赵总也曾经质问B公司，B公司却认为这是张某和A公司自己的事情，与B公司无关；无奈之下，A公司求助于C集团，C集团却表示爱莫能助。

• 不能完成的任务

听完赵总的介绍，我作出了一个初步判断："这个案件属于不能完成的任务"。赵总大吃一惊，我继续解释道："与其他知识产权纠纷案件相比，该案不仅法律关系复杂，而且最致命的是证据不足。如果找不到解决方法，很可能因为没有证据而败诉。"

"不会吧"，赵总连连摇头，表示难以接受，"我们手头可是有几百份与张某的往来邮件啊，这还算证据不足？"

我解释道："如果电子邮件能够被证明属实当然可以，但问题是中国目前对于电子证据的采信程序很严格，电子邮件通常需要经过公证或第三方服务器有保存记录，相互印证后方可确认，你们有吗？"

"啊，都没有啊，我们平常都是通过公共邮箱来往的。"赵总开始面露难色了。

"如果没有，这些电子邮件肯定会被否定。还有，这个案件的法律关系很复杂。分别牵涉你们公司、B公司、C集团和张某四方。这四方主体或一对多，或多对一，或多对多，互相之间以B85为交接点，错综复杂地构成了多种法律关系。但是，我们目前手头掌握的证据，只有你们公司和张某之间的一纸《劳动合同》，很难充分说明互相之间的法律关系和具体行为啊。"

"这样吧，我们先把你的目标总结出来，你再给我一点时间做研究，我还你一个具体的解决方案。"我安慰赵总。

赵总说道："我希望是既打击侵权，又不能涉及C集团，以免影响我们以后继续和C集团做生意"。

于是，我带着客户的厚望赶回事务所，召集了律师团队开始进行分析研究。紧接着，我们的律师与A公司的人员连开数场电话会议，先后讨论了如下几个备选方案：

方案一：A公司主动申请劳动仲裁

这是A公司提出的思路，以张某存在工作过失、造成公司财产损失为由，提起劳动仲裁。这个思路被我们律师直接否定了。

因为在实践当中，公司对员工有管理权，如果公司认为员工有过错，一般直接向员工发出处罚通知即可。而员工不服的，可以申请劳动仲裁。公司申请劳动仲裁，诉求既需要达到公司目的又要符合劳动仲裁委的受理范围,操作起来约束太多,即使成功,效果也不会太好。

方案二:以张某侵占公司财产为由向公安报案,通过公安来解决

理由是张某私下转卖公司技术,属于盗窃或侵占公司商业秘密,可以通过向公安局报案,追究其刑事责任解决问题。

我们认为,这个思路理论上可行,但实践当中实现的难度较大,效果也不会太理想。主要是A公司没有充分证据证明B85的权属、内容和价值,说服公安立案的难度很大;况且即使立了案,是否构成盗窃或侵占罪,还要看具体金额,B85是个新开发的软件,没有可供比对的类似产品,难以确定市场价值。对于公安而言,财产没有明确的权属证明和定价依据的前提下,一般难以立案侦查。

方案三:起诉张某侵犯A公司的专利和商标

但本案的技术秘密——B85一无登记,二无专利或商标基本特征,这显然不符合法律规定,因此马上被否定了。

方案四:起诉张某侵犯A公司的商业秘密

这个方案需要解决的难题是,必须首先认定B85属于商业秘密,需要举证A公司已经对B85采取了完整的保护措施,如签订保密合同、指定保密责任人或保密范围、使用保险柜等,但是A公司根本没有做类似工作,这条路显然不通。

方案五:起诉B公司实施不正当竞争行为

本案的幕后黑手是B公司,正是因为他们采取高薪挖人、抢占市场的卑劣行为,才导致A公司陷入目前的境地,因此A公司对B公司非常痛恨,希望一击即中,直接起诉张某和B公司,追究他们的不正当竞争行为。

但是,我们经过再三研究,认为这个方案存在较大风险,不宜采用。理由是:根据中国法律规定,原告方必须说明对方采取何种不正当竞争行为并举出相应证据,而本案当中,对方不正当竞争的表现是侵犯商业秘密,要证明对方存在不正当竞争行为,首先必须证明对方侵犯商业秘密,这个方案除了包括方案四必须成立的前提外,还要外加一个证据:张某与B公司之间如何串通?这个提议显然难度更大,因此也被否决了。

方案六:起诉C集团使用侵权产品,要求张某作为提供者、B公司作为出售方承担连带责任

这个方案表面上看痛快至极,将所有侵权方"一网打尽",毕其功于一役。而且对律师而言,由于被告众多,牵涉面广,律师费可以收得很高。但是,我们经研究后,一致否决了此方案。理由是:该方案表面好看,但基础不牢,同样需要证明该技术秘密实际存在、属于A公司所有、张某和B公司实际使用了侵权产品等,难度最大,可操作性不高。

上述六个方案,从刑事到民事,从仲裁到民事诉讼,从侵犯公司专利、商标、商业秘密、工作过失和不正当竞争等方面,思考面不可谓不广,但均因举证不足、制止侵权行为力度不够等原因被堵死了。

此外,我们也频频拨打电话,咨询了多位省市知识产权专家甚至资深法官,但得到的答复都让我们感到失望:专家们一致认为,这个案件缺乏证据,是个无药可救的死案。

案件似乎陷入绝地,成为一个不能完成的任务了。

• 柳暗花明又一村

肯定有什么东西漏掉了,我的直觉告诉我。于是,我们组织律师和A公司人员再开一次会。

因为赵总说白天很忙,我将会议地点定在了深圳市中心中信广场的露天咖啡座,时间是晚饭之后。

我很喜欢这个地方,可以欣赏广场上的喷水音乐表演,还有广场上奔跑嬉戏的小孩和拍拖的情侣,自然还有那杯每次必点的碳烧咖啡。匆忙工作当中不误欣赏生活,这是律师职业的应有之义。

等到了赵总,我们一边欣赏广场景色,一边开始重新梳理案情。

本案第一要务,在于将B85在法律上准确定位,只要确立了B85属于A公司所有这一关键问题,其余问题就都可以迎刃而解了。

我进一步分析道:"B85确实有多种法律特征,但是,最精准的定位不是按照法理,而是证据,先排除,后组合,这样的定位才能无从推翻。

在我国,与知识产权相关的法定权利只有专利、商标、技术秘密、版权(含文字作品和软件)四种。专利、商标需要登记生效,可以首先排除;技术秘密需要实施保密措施,很明显也不适合本案的情况。这样一推论,唯有版权适合B85。"

负责操作此案的冯律师第一时间表示赞同。他对赵总解释道,"B85表现为文字作品和软件作品的混合体,符合版权的法律特征。而且,根据我国

《著作权法》规定,确定版权权属的标准是公开发表,不需要登记也不需要采取保密措施。你们将 B85 的软件设计和说明文件等传送给 C 集团的时间比 B 公司要早,应该完全符合上述条件"。

赵总担心地说道:"B85 是张组织开发的,那版权岂非归他所有?"

我解释道:"我国《著作权法》、《计算机软件保护条例》等法律法规均有明确规定,凡是为了完成雇主交付的工作任务,或者主要设备由雇主提供、辅助人员和其他便利条件开发成功的知识产权,属于职务技术成果,归雇主所有。开发人的行为属于职务行为。张某的行为即属此列。"

第一个关键问题解决了,大家都松了一口气,趁机起来活动一下。我走到窗前,眺望广场上华灯璀璨的风景,还有远处车水马龙的马路,想象着这个城市里面,有多少人为了生活,真诚地忙碌着,不像张某,为了些许利益,就出卖自己的道德。听说他老婆刚刚生下小孩,我难以想象,将来他如何面对自己的孩子,解释这段并不光彩的历史。

"我觉得,应该请求法院确认版权归我方所有",冯律师的话将我的思绪重新拉回到案件当中。

我端着咖啡杯,看着其中氤氲的雾气,思路也徐徐清晰起来。是的,我们需要解决的首要问题是诉讼请求,确权是核心目标,又要确保事实和证据充分无误,所以,诉讼请求、法律关系、事实和证据都不能太复杂,否则容易出现意外情况或者给对方拖延诉讼的机会。

我放下杯子,向在场的人提出了一个非常简洁和大胆的诉讼请求设计:返还职务作品。

我解释道,任何法律关系都是由三部分组成,主体、客体和内容。也就是说,我们先定主体,再定客体,最后定内容。三部分一确定,诉求自然就出来了。

该案中,一方主体是 A 公司,另一方主体是张某、B 公司和 C 集团。我们的目标是需要从中选择一个或多个对建立诉求有利的被诉主体。既然公司要求不能与 C 集团交恶,本案必然不能将 C 集团列为诉讼主体,否则即使我们不要求,法院也可能会审查 C 集团是否存在侵权行为,这个后果我们就难以控制了。所以,首先放弃 C 集团。

虽然 B 公司与张某共同侵权,但我们需要 C 集团出面,才能证实 B 公司使用了侵权作品,如此做法的后果同样牵涉 C 集团,所以 B 公司也应该被放弃。这样一判断，本案的诉讼主体应该只有一个：张某。

其次是客体。在A公司和张某之间，正如前面分析的，客体明显只有一个，就是职务作品。

最后，在实务当中，比较简单的诉求一般有确权之诉或返还之诉两种。本案当中，既然A公司和张某之间存在的是职务作品，权属毫无疑问属于公司，所以确权显然用不上。而且确权之诉仅仅要求法院确认权属，不能达到制止侵权行为的最终目标。两者一结合，答案明显只有一个：返还之诉。

冯律师按照我的思路对此案进行了推论，他说道："既然B85属于职务作品，归A公司所有，张某不交还B85的源程序和说明文件，就明显属于非法占有，自然侵犯A公司的版权，A公司可以依据《著作权法》请求法院判令张某返还该作品。然后，我们再掉过头来找B公司和C集团算账。这个诉讼我们应该胜算很大啊。"

赵总听完后点头认可，不过他又提出一个新问题："虽然我们现在不追究C集团，但迟早要找B公司算账。既然如此，干脆一次性将张某和B公司一起告上法庭岂不更省时？"

我补充道："我认为还是分开两次诉讼比较稳妥。返还之诉直接针对张某，法律主体简单明确，事实容易认定。同时，返还之诉虽然没有要求法院确认权属，但要判决返还，前提必然是确认权属，而职务作品在中国法律当中早有定论，胜诉可能性很高。通过这个诉讼，我们可以快速实现确认权属和制止侵权两个目标，不给对方任何可以拖延诉讼的借口。

等有了生效判决书，我们就可以立即传给B公司或者C集团，要求停止侵权和作出赔偿。如果对方配合，我们就可以不战而屈人之兵；如果不予配合，我们凭着生效判决书再起诉，对方也绝对跑不了。"

我顿了顿，继续解释："如果同时起诉张某和B公司，他们就很可能有多种的抗辩理由，例如将职务作品和B公司自主创新作品混同，将水搞浑；或者以查明事实为由，申请追加C集团为共同被告，使我们投鼠忌器。如此做法，我们不仅无法达到快速制止侵权的目的，而且还会影响B85的权属认定结果。"

赵总听完面露喜色，但还是未能完全释疑，他继续问道："诉求可以这样设计，但证据怎么办呢？你们不是说，我们几百份电子邮件都不能用吗？

没有任何书面证据,我们这个案件怎么打?"

于是,我们的讨论重点又进入了下一个:如何梳理事实和挖掘证据。有人起来走来走去,叫饮料,翻文件,查资料,会议一时陷入了僵局。我坐在旁边,一声不吭,拨弄着手机。

过了一会,小妹再送了几杯饮料上来。

"噫,这杯是什么?"冯律师问道,"我刚才叫的好像不是这个啊?"

"对不起先生,刚才你点的就是这个啊,这是冰红茶",小妹看起来年纪很小,被客人一追问就显得很紧张。

"哦,那算了,没事啦",冯律师平常人不错,不愿意深究这种小事。等小妹走开后,他才抱怨道:"现在的服务小妹缺乏培训,连话都没听清,我从来不喝冰红茶的。"

我呵呵一笑,说道:"冯律师,你个大律师就别欺负人家小孩子了。我有证据,这次是你搞错了。"

"哦,我刚才好像没有出具书面文件啊",冯律师一副标准的律师口吻。

"哈,但我有证据",我举起手中的手机,"证据就在这里。"

大家显然没有明白我的意思。我按下手机上的播放键,里面传来了冯律师和小妹的对话。原来我刚才无意中打开了手机的录音功能,将他们的对话录了下来。大家一听就明白,确实是冯律师搞错了。

我举着手机,顺势打开了话题:"大家请看,这个案件之所以被专家称为死案,症结在于全部证据都是电子邮件,如果没有其他证据可以与它们互相印证,电子邮件就是死证据,毫无用处。

但是,如果有其他证据与电子邮件相互印证,我们就全盘皆活了。这个案件里面,企图找到更多的书面证据显然是不可能的。但我们可以创造——就是录音。通过录音,让对方自己将整个案件的来龙去脉复述出来。再与我们掌握的电子邮件互相印证,真相立刻大白了。"

我继续说道:"这招尤其适合于一些证据缺乏的案件。对普通人而言,一般会认为口说无凭,所以不会防备你录音。你可以利用吵架、套交情或者哀求等方法,引诱对方将事实真相完整地复述出来,尤其是对方做贼心虚的时候,效果更佳。"

A公司的人发问道:"你偷偷地录音,对方不承认怎么办?这种没有征得对方同意的录音是否有效啊?"

“不会的”，我很肯定地回答，“根据最高法院的解释，录音证据可以是定案的依据，而且不需要征得对方同意。如果对方对录音真实性有异议，可以申请司法鉴定。只要我们不作假，对方就没有办法推翻。”

冯律师补充建议道：“对了，还有一点。为了加强证据效力，我们其实可以申请法院对张某家里的电脑进行证据保全。里面肯定存在大量的与B85有关的邮件、设计图纸和数据等，这些证据也完全可以与我们手上的电子邮件相互佐证啊。”

于是，我们又将刚才的内容重新梳理了一遍。赵总听完，用力一拍桌子道：

“好的，就这样定了，我们分头行动吧。”

- **反击代号** T+10

一场谍战大片随即上演：

首先是录音。我们告诉A公司，要设法麻痹和稳住张某，不让其对我们的行动有所察觉。A公司派出一个与张某私交较好的员工，按照我们事先拟定的对话要点和演练的对话过程，先后多次对其与张某的电话过程进行了录音，获得了令人满意的效果。

在电话当中，张某亲口承认了他与A公司的劳动关系、B公司的挖人行为、他接受A公司委托开发B85以及后期他拒绝返还B85资料等侵权事实。这些录音与我们掌握的电子邮件等证据互相印证，形成了完整的证据链。

其次是保全证据。要将案件做成铁案，不能只依靠录音证据，还需要其他证据互相印证，达到令对方无可辩驳的程度。由于张某在开发B85期间，一直在家工作，与外界的联络只有互联网，所以我们估计，他的所有工作记录和侵权证据必然都储存在家里的电脑中。于是，我们马上想到了申请诉前证据保全，这是关键的第二步。如果一击即中，本案将立即大白于天下。

在指导A公司与张某耐心周旋的同时，我们给A公司提交了进攻方案之《法律意见书》(见附文4.1)。在文中为A公司完整分析了诉讼目标、诉讼策略、事实和证据、争议焦点、诉讼请求建议和手续工作等内容，是操作本案的纲领性文件和具体工作指南。

根据上述意见,冯律师起草了《民事起诉状》(见附文4.2)。为了申请保全证据,起草了《证据保全申请书》;同时,为了保护“B85”的技术秘密不因案件审理而外泄,还起草了《不公开审理申请书》。为了不给对方留下任何纠缠细节的机会,我们在起草上述文件时力求事实和内容简洁,证据简单。

在上述工作完成后,我们正式启动了如下代号为“T+10日”的行动:

T日:冯律师赶赴被告张某所在地的深圳某区法院,递交了诉前证据保全的申请书。为了防止耽搁时间,冯律师向立案庭力陈诉前证据保全的必要性和紧迫性。

T+2日:法院传来回音,告知我们,此案是他们法院受中院指定管辖知识产权案以来的“第一案”,基于案情复杂和重要,他们已经组成了由副院长担任审判长的合议庭。为慎重起见,要求我们补充递交起诉状,改为在诉讼中申请证据保全。

T+3日:对于上述变化,我方在递交起诉状前已经有所预计,相关的《民事起诉状》和《证据保全申请书》早已准备好,当天立即派人送上。

T+5日:终于接到法院通知,批准立案。让我们先行确定张某在家的准确时间,然后再采取证据保全行动。

T+5~9日:A公司派出专门人员,通过各种途径,摸清和确定张某在家的规律和具体时间。这种等待的日子,特别地让人提心吊胆和心焦。因为我们深知,如果张某感觉到一丝异样,甚至仅仅是他忽然想起要毁灭证据的话,他只需要开机、删除文档即可,不到三分钟的时间,就会将我们所有的努力毁于一旦。

T+10日:A公司人员终于发现张某在家,于是一边稳住他,一边立刻通知法院。法院法官和法警马上赶赴现场,结果当场成功查封台式和手提电脑各一台。冯律师还在电脑旁边又发现了一个移动硬盘,如获至宝,马上申请法官补充证据保全。据后来提取证据的结果,大量的侵权证据正是保存在这个硬盘当中,此役大获全胜。

• 预知结局的诉讼

接下来的案件进程并不轻松,竟然是长达数月的法庭调查阶段。由于本案保全的涉案数据内容多且繁杂,涉及被告张某与相关各方数以百计的电子邮件、大量的程序软件和技术方案资料。

为查清本案事实，主审法院前后共组织了近二十次的庭前证据交换，我们的律师花了几个星期的时间，泡在上千份电子邮件当中，逐一将其分类梳理，逐字逐句地分析和摘取相关内容，抽丝剥茧，终于将侵权事实重现面前：

原来，本案被告张某在接到A公司委派的B85开发任务后，为谋私利，私下与C集团的另一供应商B公司取得联系，表示愿意将本来属于A公司的B85技术转卖给B公司，并帮助其取得C集团的订单。

其后，张某以照顾小孩为由，申请在家工作，开始私下为B公司工作。在完成B85后，张某故意制作了一套有问题的版本应付A公司，造成A公司无法满足C集团的技术指标。同时，却将合格版本转卖给B公司，致使B公司最终获得C集团的订单。被告张某则从中获利50余万元。

对于前述的事实，我们律师在保全的上千份邮件和我方的录音证据当中逐一对应整理，对于每一事实要点，都准备了至少二至三份证据支持，可谓铁证如山。

在上述事实和证据确凿的基础上，冯律师还精心准备了全套开庭材料。为节省篇幅起见，本文仅摘录三份文件，分别是：

——《质证意见书》(见附文4.3)

首先，详细为法庭介绍了我方诉讼请求所依据的法律依据、事实、证据和推理过程；其次，讲述了张某侵权行为的构成和对我方造成的损害等。

——《关键时间表》(见附文4.4)

为了帮助法庭能够更加清晰地阅读和判断事实和证据，我们以时间为线索，对本案的关键事实和证据采取图表的形式，进行了梳理，让法官看得一目了然。

——《代理词》(见附文4.5)

这是我们向法庭陈述意见的核心文件，与前述两份文件着重讲述事实的风格不同，这份文件主要是为法庭说理，驳斥对方的种种谬论，树立我方的正确主张。

开庭过程一如我们料想的顺利，对我们起诉的事实，张某一再狡辩，并一再以申请管辖权异议、提起劳动仲裁、申请声音鉴定等手法拖延时间，企图混淆视听。但是，当我们律师当庭逐一举出确凿的证据，并当庭播放张某的电话录音后,在如山的铁证面前,张某不得不低头承认了全部的侵权事实。

我甚至没有去法院,只派了冯律师出庭。也同样出于信心,赵总也没有去开庭。

2006年11月,经过马拉松式的审理过程后,合议庭完全采纳了律师的代理意见,并做出一审判决,确认“B85”计算机软件著作权属于A公司所有,并判令被告张某在判决生效后十日内向A公司返还“B85”所有有效软件的源程序和执行程序代码及其说明文件,我方全面胜诉。

一审判决后,被告自知理亏,上诉无望,自愿服判。其后,A公司凭生效判决书与B公司和C集团商讨赔偿事宜,案件最终得以圆满解决。

综观全案,有如下几点值得总结:

首先,本案之所以能够克服重重困难,最终柳暗花明,关键在于律师的事前周密设计和正确选择诉求。面对法律关系众多、解决途径多样等难题,律师根据案件的实际情况,在衡量成本和风险的基础上,为客户选定了效益和成本最佳比的解决方案,充分体现了律师的专业价值。

其次,创造力思维在本案当中大放异彩。众所周知,“取证难”是中国知识产权诉讼的一大顽疾。本案在几乎没有书面证据的情况下得以顺利胜诉,最主要依据的是律师接案后“创造的证据”:十几个小时的录音和上千份的电子证据,与本案有限的书证充分结合,组成强大的证据链,保证了案件的最终胜诉。

最后,律师勤勉工作的态度,也是本案圆满成功的关键。在知识产权诉讼中,一般都存在证据材料众多、庭审时间冗长等问题,本案的律师团队能够始终以认真、负责和专业的态度对待此案,与客户讨论案情到深夜;连续数日不分昼夜分析整理电子证据;与客户来回讨论修改代理意见和质证意见等法律文书数十次等。对于每一细节都力求尽善尽美,这些都是确保案件最终胜诉的关键因素。

附文：

4.1 《法律意见书》

致：A 公司

关于贵公司诉张某计算机软件著作权侵权纠纷案的法律意见书

首先感谢贵公司对敝所的信任。关于张某涉嫌侵犯贵公司计算机软件著作权侵权纠纷一案，敝所通过听取贵公司相关人员的情况介绍，阅读贵公司提供的相关文件，假设贵公司对相关情况的介绍没有重大遗漏和相关文件的复印件与原件相符之前提下，根据敝所对中国法律规定的理解和敝所以往办理此类案件的专业服务经验，出具本法律意见书，以供贵公司参考。

一、总体目标

根据贵公司陈述和敝所律师总结，贵公司聘任敝所提供专项法律服务，希望达到的总体目标如下：

1. 制止工程师张某侵犯贵公司版权的行为，追究其法律责任和要求其赔偿经济损失；
2. 保留追究 B 公司或 C 集团法律责任和要求其赔偿经济损失的权利。

二、诉讼策略

（注：此部分因与前述的“不能完成的任务”的内容相同，为节省篇幅，此略）

三、本案基本事实与主要证据

(注:此部分因与下文的民事诉状内容基本相同,为节省篇幅,此略)

四、争议焦点分析

(一)"B85"应属于张某为完成贵公司委派任务,所设计、开发的职务作品

理由如下:

1. 张某在设计、开发"B85"期间,其身份是贵公司员工,且该测试系统是贵公司明确委派给张某的工作任务;

2. 张某在设计、开发"B85"过程中一直从贵公司领取工资,且主要利用了贵公司的物质技术条件,包括但不限于当事人技术要求和资料、设备和当事人信息资料;

3. "B85"订单是由C集团直接下达给贵公司,并由贵公司承担技术和法律责任。

基于上述事实以及《著作权法》、《计算机软件保护条例》的相关规定,敝所认为,张某作为贵公司在职员工,受贵公司委派,利用贵公司物质技术条件,为完成其职责范围内工作而设计、开发的"B85系统"应属于职务作品,包括但不限于有关的电路原理图、计算机软件源程序和执行程序代码。

(二)上述职务作品的著作权归贵公司所有,贵公司享有除署名权之外的全部著作权利

根据我国《著作权法》的相关规定,贵公司享有"B85"的著作权,包括但不限于发表权、复制权、修改权、发行权、出租权、许可他人使用获取报酬的权利。同时,如贵公司发现他人有非法侵犯贵公司著作权利的行为,有权根据法律规定,向人民法院提起诉讼,依法追究侵权人的法律责任。

(三)张某的行为侵犯了贵公司对上述职务作品所享有的财产权

1. 张某非法侵占贵公司享有著作权的"B85"的电路原理图、计算机

软件源程序和执行程序代码，拒不返还的行为，侵犯了贵公司的财产权。

2. 张某未经贵公司同意，擅自将贵公司享有著作权的“B85 系统”电路原理图、计算机软件用于第三方同一项目的开发、设计中，则构成对贵公司著作许可使用权的侵犯。

（四）张某应就其上述行为向贵公司返还财产和赔偿经济损失

1. 我国《民法通则》第 117 条明确规定：“侵占国家的、集体的财产或者他人财产的，应当返还财产。受害人因此遭受其他重大损失的，侵害人应当赔偿损失。”本案中，张某利用使用其自备电脑完成贵公司工作任务的便利条件，将本属于贵公司所有的“B85 系统”的电路原理图、计算机软件源程序和执行程序代码、芯片的密码信息占为己有，拒不交还的行为已构成对贵公司财产权的侵犯，除应当向贵公司返还上述财产外，还应赔偿贵公司因此而遭受的经济损失。

2. 本案中，如有充分证据可以认定张某有未经贵公司的同意，擅自将贵公司拥有著作权的“B85”的电路原理图、计算机软件源程序和执行程序代码、芯片的密码信息许可第三方使用，牟取非法利益的行为，贵公司有权根据《著作权法》第 48 条，《计算机软件保护条例》第 24 条之规定，要求张某停止侵权，并赔偿贵公司因此而遭受的全部经济损失。

五、诉讼请求建议

根据前述分析，敝所建议本案的诉讼请求如下：

1. 判令被告向原告返还“B85”单片机版本所有有效软件的源程序和执行程序代码及其说明文件、有效芯片的密码信息；

2. 判令被告赔偿原告截至起诉日已经发生的实际经济损失人民币 20 万元；

3. 由被告承担本案全部诉讼费用。

其中，第 1 项请求的主要目标是请求法院认定“B85”属于职务作品；第 2 项请求主要是考虑到降低法院立案难度而设计。在完成立案后，可能会根据证据收集和对方态度，变更请求金额或者在本案当中暂时撤回，另行单独提出诉讼;第3项诉讼请求为标准书写方式,不赘述。

(其余部分略)

4.2 《民事起诉状》

民事起诉状

原告:A公司

住所:深圳市××区××大厦

负责人:×××,总经理

被告:张某,男,××××年××月××日出生,身份证号码××××,现住深圳市××区××路××号。

联系电话:××××××××

请求事项:

1. 判令被告向原告返还"B85"单片机版本所有有效软件的源程序和执行程序代码及其说明文件、有效芯片的密码信息;

2. 判令被告赔偿原告截至起诉日已经发生的实际经济损失人民币20万元;

3. 由被告承担本案全部诉讼费用。

事实与理由:

2004年8月,原告与被告签订《劳动合同书》(见证据1-2),聘用被告为原告公司的测试工程师,合同期限自2004年8月16日起至2005年9月30日止。自2004年8月至2005年7月,原告一直向被告支付工资,并为其购买社会保险(见证据3-4)。

2005年4月,原告与××××集团公司(以下简称"C集团")就提供"B85"项目进行沟通和联络(见证据5-8)。

为取得上述测试系统项目订单,原告指派被告为该项目测试系统开发方面的责任工程师,主要负责测试系统的电子及软件方面的开发,包括:设计制作硬件电路直至PCB实板的调试完成、编写相关的软件并调试完成整个测试系统等(见证据9-12)。

为保证被告顺利完成开发任务,原告向被告提供了编程器(WH-500AU)、仿真机(南京××H51/S)、芯片、PCB板、UUT样片等设备和当事人的技术要求以及当事人信息等资料,还配备其他工程人员协助其工作(见证据13-15,24-25)。

同时,考虑到被告实际困难,经被告申请,原告同意其采取"住家工作制",使用自备电脑在自己家中进行"B85"项目的设计与开发(见证据16)。

在公司人员的共同努力下,2005年6月初,测试系统单片机版本开发基本完成,但被告仅向原告提交了系统成品,未将该版本有效软件的源程序和执行程序代码及其说明文件、有效芯片的密码信息交付原告。

2005年6~7月,原告根据C集团的要求将"B85"的单片机版本修改为计算机版本,考虑到被告熟悉该项目情况,原告遂继续委派被告承担开发、设计和调试工作(见证据17-22)。

被告自2005年7月开始,采取各种借口故意拖延完成上述工作,消极怠工,以各种理由拒绝到公司参加总体调试,造成上述工作严重延误,致使原告无法按期向C集团交货,最终导致原告未能取得"B85"的订单(见证据23)。

更为恶劣的是,被告在同一期间,暗中帮助C集团的另一供应商××有限公司(以下简称"B公司")完成同一当事人、同一项目和同一功能系统的开发、设计和调试工作,并导致B公司最终取得了C集团"B85"的订单(见证据24-25)。

期间,虽经原告多次催促和要求,但被告拒绝向原告交付"B85"计算机版本的有效电路原理图,以及上述系统单片机和计算机版本的有效软件的源程序和执行程序代码及其说明文件、有效芯片的密码信息,非法侵占本应属于原告的职务作品(见证据24-25)。

基于上述事实,原告认为,被告在原告公司任职期间,执行原告所委派的技术任务,并主要利用原告的物质技术条件及相关当事人和技术资料所开发设计的"B85"应属职务作品,其所有权归原告所有,被告有义务将该职务作品完全交还原告占有、使用、收益和处分。本案被告利用原告允许其采用"住家工作制"的善意和便利条件,将"B85"部分技术成果占为己有,拒不交还的行为,已侵犯了原告的合法权益。

原告经多次与被告协商未果,现根据相关法律规定,请求贵院依法判令被告返还原告所有的“B85”职务作品,包括:“B85”单片机版本所有有效软件的源程序和执行程序代码及其说明文件、有效芯片的密码信息;并赔偿原告截至起诉日已经发生的实际经济损失人民币20万元。此外,原告保留对被告追究其他经济损失、非法披露并使用原告公司商业秘密、谋取不正当利益的行为采取进一步诉讼的权利。

此致

深圳市××区人民法院

具状人:A公司

二零零五年××月××日

4.3 《质证意见书》

质证意见书

尊敬的审判长和合议庭:

A公司(以下简称“原告”)诉张某(以下简称“被告”)计算机软件著作权权属及侵权纠纷一案,在法庭主持下,经过18次庭前证据交换,现针对本案争议焦点问题,发表质证意见如下:

一、关于本《质证意见》的体系说明

(一)证据来源

本《质证意见》的证据来源主要包括四个方面:

1. 原告在举证期间内所提交的书面和电子文件证据;

2. 原告在举证期间内所提交的原告公司副总经理王经理与被告谈话录音证据(以下简称“录音证据”),该录音内容已由原告根据法庭要求整理成文字材料提交法庭(以下简称“录音证据文字版”);

3. 被告在举证期间提交的书面证据;

4. 贵院于2005年9月20日保全被告存储设备中与本案有关信息和资料(以下简称"保全涉案数据")。

(二)证明焦点

本《质证意见》所针对的本案争议焦点问题包括:

1. 本案所涉计算机软件及其说明文件的著作权权属问题;

2. 本案被告的侵权行为事实。

二、关于判定"B85"著作权权属的法律规定、证据和证明事实

(一)我国法律明文规定法人职务作品归属法人所有

《著作权法》第16条第2款规定,主要利用法人或者其他组织的物质技术条件创作,并由法人或其他组织承担责任的计算机软件等职务作品,作者享有署名权,著作权的其他权利由法人或者其他组织享有;

《计算机软件保护条例》第13条规定,自然人在法人或者其他组织中任职期间所开发的软件有下列情形之一的,该软件著作权由该法人或者其他组织享有,该法人或者其他组织可以对开发软件的自然人进行奖励:

(1)针对本职工作中明确指定的开发目标所开发的软件;

(2)开发的软件是从事本职工作活动所预见的结果或者自然的结果;

(3)主要使用了法人或者其他组织的资金、专用设备、未公开的专门信息等物质技术条件所开发并由法人或者其他组织承担责任的软件。

(二)原告接受C集团委托开发"B85"

主要证据及证明事实如下:

1. C集团于2005年4月12日发给原告邮件

(1)证据来源:原告提交的证据5

(2)证明事实:C集团将“B85”测试系统的当事人资料和技术要求发给原告分析,委托原告进行开发,并要求原告讨论及落实技术方案和报价。

2. 原告于2005年4月23日发给C集团邮件

(1)证据来源:原告提交的证据6

(2)证明事实:原告接受了C集团的委托,并就开发“B85”测试系统所需的技术资料、交货期和技术要求等事宜与C集团进行进一步沟通。

3. C集团于2005年4月23日发给原告邮件

(1)证据来源:原告提交的证据7

(2)证明事实:C集团再次将C集团“B85”测试系统的补充详细技术资料发给原告,作为设计开发的依据。

4. C集团于2005年5月24日、25日发给原告邮件

(1)证据来源:保全涉案数据\Foxmail\mail\zhang8300@126.com

a)2005年5月24日09:29　主题:Re:Response to the B85 Clickwheel_“Baseline”

b)2005年5月25日11:08 B85 updated hex file(Rev. 12)

(2)证明事实:C集团根据原告进行的“B85”测试系统的开发进程,澄清技术问题并提供新的技术资料。

5. C集团于2005年6月9日发给原告邮件

(1)证据来源:a)原告提交的证据17

b)保全涉案数据\Foxmail\mail\zhang8300@126.com 主题:Fw:Click-wheel testing system requirement

(2)证明事实:C集团根据原告进行的“B85”测试系统的开发进程,提供新的技术资料(计算机版)。

（三）原告与被告之间存在劳动合同法律关系

主要证据及证明事实如下：

1. 原告与被告订立的《劳动合同书》

（1）证据来源：原告提交证据1

（2）证明事实：原被告间存在合法的劳动关系，被告系原告公司员工，在原告公司任测试工程师职务。双方约定劳动合同期限自2004年××月××日起至2005年××月××日止。

2. 由银行出具的原告向被告支付工资的证明

（1）证据来源：原告提交证据3

（2）证明事实：在原告确信被告侵权之前，原告自被告加入原告公司起向被告连续支付工资至2005年××月。

3. 深圳市社会保险管理局××分局出具的被告《社会保险个人账户单》

（1）证据来源：原告提交证据4

（2）证明事实：被告在原告公司任职期间，原告为其连续购买社会保险至2005年××月。

（四）被告在原告公司任职测试工程师期间，受原告指派，为原告当事人C集团开发“B85”，属职务行为

主要证据及证明事实如下：（以下部分内容略去）

1. 原告于2005年4月23日11:28向被告发出的邮件
2. 原告于2005年4月23日15:22向被告发出的邮件
3. 被告于2005年5月17日08:56向原告发出的邮件

4. 原告于2005年6月10日向被告发出的邮件

5. 原告于2005年6月20日向被告发出的邮件

6. 录音证据25

7. A公司单片机版作品线路板图、A公司电脑版作品线路板图

(五)被告在受原告指派开发“B85”期间,原告向其全面提供了系统开发所必需的当事人技术资料、技术支持和设备和人员支持

主要证据及证明事实如下:(以下部分内容略去)

1. 原告向被告提供了当事人技术资料

2. 被告收到了原告发送的上述资料

3. 被告作为“B85”项目负责人,在该测试系统开发过程中得到了原告的持续的多方面的技术支持和物质支持

三、关于被告的侵权行为和事实

(一)被告张某非法占有职务作品,并明确表示拒绝返还“B85”计算机软件及其说明文件

主要证据及证明事实如下:(以下部分内容略去)

1. 保全涉案数据中的“B85”计算机软件及其说明文件

2. 录音证据

(二)被告向原告提交的“B85”始终未能调试成功而与此同时被告却为获取非法利益将“B85”提供给C集团的另一供应商:B公司,并企图通过B公司将侵权产品交付C集团。

主要证据及证明事实如下:(以下部分内容略去)

1. 原被告邮件往来目录
2. 原告与被告2005年7月13、19、20日往来邮件
3. 录音证据
4. 被告于2005年7月16和18日发给B公司的邮件
5. 被告向B公司提交的线路板图、电路原理图和成品
6. 被告于2005年7月18~19日发给C集团邮件
7. 被告于2005年7月26日发给C集团邮件

(三)由于被告的侵权行为,使原告最终失去C集团"B85"订单,遭受严重经济损失和声誉损失;而与此同时,C集团接受了被告与B公司提交的侵权产品,被告从中攫取高额非法利益。

主要证据及证明事实如下:(以下部分内容略去)

1. 被告于2005年7月25日发给B公司吴总的邮件
2. C集团于2005年8月5日发给原告的邮件
3. B公司吴总将C集团发给被告和B公司的邮件转发给被告

以上质证意见,请合议庭参考。

此致

深圳市××区人民法院

××律师事务所

律师:________________

二零零六年××月××日

4.4 《关键时间对比表》

<table>
<tr><th colspan="4">关键时间对比表</th></tr>
<tr><td rowspan="2">事件相对人
时间</td><td colspan="3">张某</td></tr>
<tr><td>A公司</td><td>B公司</td><td>C集团</td></tr>
<tr><td>2004年8月</td><td>签订劳动合同书(原告提交证据1)</td><td></td><td></td></tr>
<tr><td>2005年4月23日</td><td>接受C集团“B85”单片机版本开发任务(原告证据6、12、13)</td><td></td><td></td></tr>
<tr><td>2005年6月10日</td><td>继续接受C集团“B85“计算机版本开发任务(原告证据17)</td><td></td><td></td></tr>
<tr><td>2005年7月15日</td><td rowspan="4">继续与A公司就测试系统的制作和调试等事宜进行沟通(保全涉案数据\Foxmail\mail\zhang8300@126.com和\Foxmail\mail\张某)</td><td></td><td>开始私自与C集团联系(见保全涉案数据\Foxmail\mail\TKY1212@126.com)</td></tr>
<tr><td>2005年7月16日</td><td>互相串通，张私自将有效“B85”提供给B公司(保全涉案数据\Foxmail\mail\zhang8300@126.com\sent.Foxmail)</td><td></td></tr>
<tr><td>2005年7月17日</td><td></td><td></td></tr>
<tr><td>2005年7月18日</td><td>张继续非法提供有效“B85”给B公司，并进行治具确认(保全涉案数据\Foxmail\mail\zhang8300@126.com\sent.Foxmail)</td><td>私自提供“B85”测试系统的方案及报价(保全涉案数据\Foxmail\mail\TKY1212@126.com\sent.Foxmail)</td></tr>
</table>

续表

<table>
<tr><th rowspan="2">事件相对人
时间</th><th colspan="3">张某</th></tr>
<tr><th>A公司</th><th>B公司</th><th>C集团</th></tr>
<tr><td>2005年7月19日</td><td rowspan="2">7月19日晚至7月20日凌晨,张与原告就张提供的无效测试系统进行联调,但始终未能调试成功(保全涉案数据\Foxmail\mail\zhang8300@126.com)</td><td>继续私自向B公司提供项目资料(保全涉案数据\Foxmail\mail\张某\sent.Foxmail)</td><td>修订私自提供的报价,试图以自己公司的名义提供侵权产品(保全涉案数据\Foxmail\mail\TKY1212@126.com\sent.Foxmail)</td></tr>
<tr><td>2005年7月20日</td><td></td><td></td></tr>
<tr><td>2005年7月25日</td><td rowspan="3">在此期间,双方仍就测试系统有关治具制作问题进行沟通(保全涉案数据\Foxmail\mail\zhang8300@126.com和\张某)</td><td>通知B公司其提供的首台“B85”测试系统已得到C集团的确认,并将C集团要求B公司改进治具和测试系统的意见转达B公司(保全涉案数据\Foxmail\mail\zhang8300@126.com\sent.Foxmail)</td><td>解释二个测试系统的技术方案的差异,并要求保密(保全涉案数据\Foxmail\mail\TKY1212@126.com\sent.Foxmail)</td></tr>
<tr><td>2005年7月26日</td><td></td><td>明确以自己提供侵权软件系统,B公司提供治具方式向C集团供货,并要求C集团下订单(见保全涉案数据\Foxmail\mail\TKY1212@126.com\sent.Foxmail)</td></tr>
<tr><td>2005年7月27日</td><td></td><td></td></tr>
</table>

续表

事件相对人 时间	张某		
	A 公司	B 公司	C 集团
2005 年 8 月 5 日	C 集团通知原告取消其订单(原告证据 23)		
2005 年 8 月 24 日			C 集团接受了张和 B 公司提供的侵权产品,张和 B 公司从中牟取非法利益(见保全涉案数据\Foxmail \ mail \ zhang8300 @ 126. com\in. Foxmail)

4.5 《代理词》

代　理　词

审判长、合议庭:

××律师事务所接受 A 公司(以下简称原告)之委托,就原告诉张某(以下简称被告)职务作品侵权纠纷一案担任原告的委托代理人。开庭前,本代理人依法参加了合议庭组织的多次庭前证据交换,对包括贵院于 2005 年 9 月 20 日保全被告存储设备中与本案有关信息和资料(以下简称保全涉案数据)在内的所有相关证据进行了认真的审阅和核实。在原告 2006 年 10 月 16 日向合议庭提交的《质证意见》(以下简称《质证意见》)中,原告已从多个方面引用事实证明本案的基本事实,并阐明我方观点,现结合庭审情况以及本案的争议焦点,发表补充代理意见如下:

一、在原告委派被告开发"B85"期间,原被告之间存在合法的劳动关系,被告关于双方劳动关系已终止的观点没有事实依据

1. 原告于 2004 年 8 月与被告订立《劳动合同书》(见原告提交证据

1)，聘用被告担任测试工程师职务。双方约定的劳动合同期限自2004年8月16日起至2005年9月30日止。

在此期间，原告从未收到被告任何关于辞职的口头或书面申请，被告在庭审中提出曾于2005年3月向原告总经理提出辞职请求的说法纯属捏造，没有任何事实依据。

被告于2005年4月22日发给原告的邮件(见原告提交的证据16)，从内容上看并非一份辞职申请。在该邮件中，被告请求由坐班工作制改为住家工作制，并希望原告采取计件工资方式或固定工资方式来支付报酬。原告认为，被告工作场所的变更与原告采取何种方式支付工资报酬均不能改变原被告之间劳动法律关系的存在。

被告提出自2005年5月1日后再没有到原告公司上班的观点与事实严重不符。事实上，在2005年5月，被告本人曾到原告公司领取工资并亲笔签名(见原告提交证据3)。除此之外，被告还根据原告的工作安排，乘坐原告的汽车到原告公司上班，甚至是在原告公司通宵加班赶交货进度(见原告提交证据25，即录音证据文字版9/29、23/29)。

在2006年6月，被告本人又随原告公司副总王经理一起前往C集团，作为原告公司“B85”开发技术负责人与当事人进行沟通与确认(详见原告提交《质证意见》第5页)。

2. 在原被告劳动关系存续期间，原告一直向被告连续支付工资并购买社会保险。

被告在庭审中提到自2005年5月起原告就没有向其支付工资的说法纯属编造。事实上，直至2005年8月初，原告在确信被告侵权之前，一直向被告连续支付工资至2005年7月，其中：原告分别于5月12日、6月15日、7月6日给被告逐月发放了工资4493.45、4670.97和4627.50元(见原告提交的证据3)。在电话录音中，被告亲口承认收到了原告公司所发的工资(见原告提交的证据25，即录音证据文字版4/29、25/29)。

此外，原告在劳动关系之间存续期间一直连续为被告购买社会保险(见原告提交的证据4)。上述事实同样证明原被告间劳动关系的合法存在。

二、被告在原告任职期间，接受原告公司的工作任务，为原告明确指定的开发目标所开发的“B85”全部有效的计算机软件及其说明文件应属职务作品，其著作权归原告所有

1. 关于“B85”全部有效的计算机软件及其说明文件范围说明

原告在诉讼请求中要求被告返还“B85”计算机软件及说明文件是指原告在2005年4月接受××××有限公司(以下简称C集团)开发委托后，委派被告在开发“B85”过程中所形成的所有有效的计算机软件及其说明文件，其中当然包括被告非法许可第三方××××有限公司使用(以下简称B公司)的系统文件。上述文件内容包括但不限于："B85”单片机版本所有有效软件的源程序和执行程序代码及其说明文件、有效芯片的密码信息；计算机版本所有有效的电路原理图、所有有效软件的源程序和执行程序代码及其说明文件、有效芯片的密码信息。

2. 被告开发“B85”是履行其工作职责，原被告间不存在委托开发关系

在庭审中，原告列举大量翔实的证据证明被告开发“B85”的行为系履行本职工作的行为(详见原告提交《质证意见》第4-5页)。而被告认为原被告之间存在委托开发关系却无任何证据佐证。在庭审中，被告承认原被告间针对“B85”未订立过任何形式的“委托开发的协议”，原被告间也从未就所谓的“委托开发费用”进行过任何形式的协商和确认。被告试图用“委托开发”关系来否定“B85”的职务作品性质显然无法成立。

3. 被告在开发“B85”期间，利用了原告提供的主要物质条件

在被告开发“B85”期间，原告向被告提供了运作平台、资金、器件选型和采购、测控板的制作、开发仪器和设备、技术团队等物质条件，同时被告得到了原告公司内该项目小组的充分支持和配合。

原告向被告提供“B85”的技术要求和说明、项目指标变更信息、技术疑难的答复等开发所必需的关键当事人资料和技术要领等(详见原告提交的《质证意见》第6-7页)。

被告使用了原告提供的当事人UUT以及芯片、芯片烧录器、单片机仿真机等设备(见原告提交证据24、25)，其中当事人UUT即Unit Under Test(被测试对象)。在本案中，该测试对象就是“B85”电路板。如没有原告提供给被告的当事

人提供的测试对象，被告根本无法开发出符合当事人要求的测试系统。

被告在开发过程中得到了原告软件工程师王××在软件开发和数据通信等方面的支持与配合，得到了原告硬件助理工程师汤××在测试系统电路板制作方面的支持和配合，得到了原告公司治具工程师在治具制作方面的支持与配合（详见原告提交的《质证意见》第 7-8 页）。

《著作权法》第 16 条第二款规定，主要利用法人或者其他组织的物质技术条件创作，并由法人或其他组织承担责任的计算机软件等职务作品，作者享有署名权，著作权的其他权利由法人或者其他组织享有。

《计算机软件保护条例》第 13 条同时规定，自然人在法人或其他组织中任职期间，针对本职工作中明确指定的开发目标所开发的软件或主要使用了法人或者其他组织的资金、专用设备、未公开的专门信息等物质技术条件所开发并由法人或者其他组织承担责任的软件，该软件著作权由该法人或其他组织享有。

根据上述事实，本代理人认为，被告开发“B85”的行为完全符合我国《著作权法》以及《计算机软件保护条例》所规定的关于职务作品的法律特征。因此，被告在原告任职测试工程师期间，接受原告公司的工作任务，为原告明确指定的开发目标所开发的“B85”全部有效的计算机软件及其说明文件的著作权应归原告所有。

三、被告实施侵权行为的事实清楚、证据确凿，已经构成对原告计算机软件著作权的侵犯

1. 被告非法占有有效的“B85”计算机软件及其说明文件，拒不交还原告

被告利用原告允许其采用“住家工作制”的便利条件，非法占有本属于原告的“B85”有效的计算机软件及其说明文件，并在原告多次催促下，明确表明拒绝返还（详见原告提交的《质证意见》第 9 页）。在 2005 年 10 月 16 日庭审过程中，被告也明确承认未将“B85”计算机软件的源程序及执行程序代码交付原告。

2. 被告向原告提交的“B85”成品始终未能调试成功，而与此同时，被告为获取非法利益，串通 C 集团另一供应商——B 公司，将本属于原告所有的、有效的“B85”非法许可 B 公司使用。

根据对本案相关证据分析（详见原告提交的《质证意见》第 10-13 页

及其附件《关键时间对比表》),有确凿事实证明:被告在开发“B85”期间,为谋取高额利益,利用原告提供的物质条件,在同一时间(2005年7月),针对同一当事人(指C集团),就同一被测对象UUT(“B85”电路板)、同一项目(“B85”)开发出两套测试系统。一方面,被告恶意向原告公司提供的无效测试系统始终未能通过联调;而另一方面,被告将同样权属于原告的、有效的“B85”在未经原告同意的情形下,擅自许可给B公司使用,明显侵犯了原告计算机软件的著作权利。

3. 被告与B公司恶意串通的侵权行为,致使原告最终失去了C集团的该项系列订单,给原告造成了严重的经济损失和商誉损失。

从原告的提交的证据以及保全涉案数据中被告与B公司、C集团间大量的往来邮件显示(见原告提交的《质证意见》第13-14页):被告与B公司相互串通,采取由被告提供侵权的“B85”软件和技术资料,B公司提供治具的方式,以B公司的名义向C集团交货,并最终取得了C集团的该项订单,不仅侵犯了原告的著作权益,同时造成了原告严重的经济损失和商誉损失。

综上所述,本代理人认为,被告在原告任职测试工程师期间,接受原告公司的工作任务,为原告明确指定的开发目标所开发的“B85”全部有效的计算机软件及其说明文件应属职务作品,其著作权归原告所有,被告应对其非法占有的关于“B85”项下的所有有效的文件,包括但不限于“B85”单片机版本所有有效软件的源程序和执行程序代码及其说明文件、有效芯片的密码信息;计算机版本所有有效的电路原理图、所有有效软件的源程序和执行程序代码及其说明文件、有效芯片的密码信息等承担返还责任。

与此同时,被告与B公司恶意串通,擅自非法将本属于原告的“B85”计算机软件及其说明文件许可B公司使用的行为亦构成对原告计算机软件著作权益的侵犯,应当承担侵权责任。

上述补充代理意见,请合议庭评议时参考。

代理人:××律师事务所

律师:____________

二零零六年××月××日

五、不良资产的冰棒效应

人物：孙律师、高律师、张总

案情：面对中国金融不良资产这根巨大的“冰棒”，如何运用法律智慧思维和方法，将乱麻的瑕疵和风险全部梳理出来，建起一个控制风险、创造价值的法律“避风港”呢？此案可谓一个经典的合同修订案例。

我至今还记得童年时那段快乐的情景。广州，夏季犹如蒸笼般酷热，父母偶尔会给点买冰棒的钱，我很兴奋地顶着炙热的阳光，一溜小跑地到巷口推单车卖冰棒的叔叔那里，买回来一大把2分钱一根的冰棒，拿回家与父母分享。

小冰棒，大快乐，简直就是人生当中最快乐的事情。

但是，在若干年后，当我遇上中国金融不良资产这根巨大的“冰棒”时，心境和感觉却有了天壤之别。

最近20多年以来，由于中国正处于计划经济向市场经济急剧转型的时期，加上市场秩序不完善，各家银行的金融不良资产比率急剧增加，不良率是国外银行的几倍乃至十几倍，有些甚至在技术指标上接近破产，于是衍生了大量的金融不良资产。

1999年,国务院总理朱镕基,大刀阔斧地进行金融体制改革,成立了东方、华融、长城和信达四大金融资产管理公司,共接收四大国有银行的不良资产1.4万亿元,俗称"政策性剥离",大幅度降低了四大国有银行的不良资产率,有效化解了金融风险。其后,各大银行又进行了数次剥离,简称"商业化收购"。

在业内,不良资产通常会被形容为"冰棒",为什么?因为资产戴上"不良花冠"后,受到债务人情况恶化、资产灭失或债权逾期等因素影响,它的恶化程度往往是加速度的,就像冰棒,放得越久,消融得越厉害。

从另一角度,不良资产又像是"烫手山芋",因为它集合了中国过往十几年来的经济运行当中的各类问题,出资不实、虚假出资、决策失误、违规经营、无效抵押和担保、三角债乃至多角债等,各种风险纵横交错,令人触目惊心。

所以,资产公司在回收和处置不良资产的过程当中需要格外小心,不仅要注意经济风险,还要注意法律风险、商业风险乃至政治风险等。因而,各资产公司非常注重风险控制,经常外聘大量的专业律师参与其中。我作为中国最早一批参与金融不良资产处置的专业律师,长期参与此类业务,本文就是我工作当中的一个实例。

• 高温下的冷静决策

某日,某国有资产管理公司拟将手中的一批不良债权(合共236户、贷款本金40亿元),打成"债权包"(不良资产集合的俗称)在社会上公开出售。我们作为代表律师,负责操作该债权包出售过程的法律工作。

整个过程共耗时大概一个半月,按照《合同法》当中的要约邀请方式设计,其中步骤包括了公告—投资者咨询—投资者查档和调查—转让合同磋商—定稿—提出要约—评审要约—确定受让方—债权包交割完成等主要步骤,共经历了三个阶段,需要使用三十份以上的文件。

广州市中心某商业大厦的21楼,玻璃窗外,是火辣辣的历史同期最高温度——37度高温和明晃晃的太阳,窗内,是围坐在一起的该公司领导和我们的律师团队,会议气氛如同窗外的气温般热烈。

讨论的主要内容,是如何修订完善该公司提供给我们的《债权包转让合同》初稿。考虑到债权包涉及面广，标的额巨大，而且要为后续处置项目累积经验，该公司领导要求我们，一定要有预见性地针对可能发生的各种风险，制定系统性和预见性的条款和对策。经过反复讨论和研究后，我们梳理出了一个较为系统的法律意见，今天专门向该公司领导介绍。

首先发言的是本项目主办律师孙律师，他一边在白板上书写，一边为客户解释。他说道：

“经过我们总结，本项目主要存在如下三类风险：

首先，来源于我方的风险，主要是审核我方持有债权包的合法性。一方面，由于债权包当中各项债权的来源比较复杂，在债权文件移交过程当中，不时发生文件缺失或遗漏的情形，从而导致债权失效。对此，我们建议要对债权包文件进行全面复核，防范此类错误；另一方面，本次债权包转让，依法需要事先征得财政部的批准，所以必须注意做好财政部和发布转让公告之间的衔接工作。

其次，来源于债权包本身的风险，如债权包的本金和利息可能计算错误；债权包当中的债权权利实现可能存在限制等情形。我们建议采取‘事前告知、事中承诺、事后确认’的方式来解决。在双方签订合同前，通过提示文件，向投资者充分揭示风险；在转让合同当中，明确列出可能存在的风险类型和内容，要求受让方承诺，无条件接受该等风险，并放弃对我方的追索权；在履行合同过程中，注意加快完成收款和文件移交事项，并要求对方签署合同履行确认书等。

最后，来源于受让方的风险，例如受让方可能主张我方提供了对债权包的虚假信息导致其认识错误，继而主张合同无效或索赔；受让方可能逾期付款、受让方受让债权包后可能会违法操作等风险。对此，主要的防范方法是在合同当中制定相应条款，要求受让方承诺对债权包自行进行调查和评估；合法处置等；并且，我们还在合同当中制定了一系列的违约条款，增加受让方的违约成本。”

主管本项目的是公司的雷处长，他首先发问道：“我们早前提供给你们的合同版本（见附文5.1），是否已经覆盖了你们刚才提出的几点风险？”

我回答：“这个版本我们已经仔细研究过了，客观地讲，初稿写得还是比较全面和严谨的，但它原来是针对债权和资产的混合体制定的，并不完全适用本项目的情况，需要根据实际情况进行改动。

举几个例子:

第一,初稿对于瑕疵和风险的陈述和防范不够充分。

金融不良资产的最主要特点,就是标的不可避免地包含瑕疵和风险,所以关于标的的写法,与普通合同不同,需要明确列明是将债权以及对应的瑕疵和风险,整体不可分割地转让给对方,但初稿在这方面的表述并不明确。有必要在如下几个地方加以改进:

例如鉴于部分,注明将债权包当中的瑕疵和风险一同转让给对方;在具体条款当中,详细列明法律瑕疵和风险的类型;先决条件条款,除了合同生效和收妥款项外,还补充要求受让方接受法律瑕疵和风险,并遵守声明和保证;另外,注明要求对方免除我方的瑕疵担保责任。

第二,初稿遗漏了数点关键性问题。

例如,初稿当中提及几个基准日期:不良资产转让日(先决条件满足之日)、合同生效日、转让日等,这几个重要日期,均涉及双方的权利义务区分以及文件交割的时点,非常重要,但初稿既无定义亦无说明,属于比较严重的疏漏;还有,初稿的2.10条款,要求受让方承诺按现状受让债权包,但现状是指什么日期?签订之日?生效之日?还是债权包交割完成之日?初稿当中没有定义。

第三,关于所有权保留条款的写法有误。

虽然4.1条款有关于所有权保留条款的描述,但该描述又与2.2条款规定内容有交叉,容易引起歧义。根据初稿4.1条款规定,“在不良资产包转让给乙方前,不良资产包文件的原件仍属甲方所有”,原件移交时点是“不良资产包转让给乙方”。但按照2.2条款的约定,先决条件得到满足,方才移交不良资产包,该等写法较为模糊;而且,甲方仅保留对文件原件的所有权而非对债权权利本身的所有权,这种写法显然存在权利保护不够周密的问题,需要改进。

第四,对于债权包的交割过程描述不够细致,容易引起争议。

初稿当中,关于不良资产包的移交过程,只有第四、五条,缺乏可操作性条款,对于移交步骤和相应技术性文件没有陈述,如没有明确文件移交完成前的文件借用和合理保管义务、债权保全义务、处置所得的移交方法和移交完成的界限等,这些内容都应该补充完整,否则容易引起双方争议,如对方可能以我方没有充分移交债权文件为由,追究我方的违约责任等。

第五，在违约责任条款方面设计显得单薄，未能充分保护我方利益。

例如，没有制定合同解除权条款，我们没有单方宣布解除合同、收回文件和权利回转等权利。如果对方一旦违约，将导致我们追究违约责任和行动都会发生不可预计的困难。”

在我停顿的间隙，孙律师补充解释：

“我们已经针对上述的问题，制定了新的合同版本，现在是等待公司确认我们提出的几点是否充分，或者还有遗漏？一旦确认，我们将迅速提供定稿。”

公司的张处长负责主管财务，他对合同版本的付款条款提出了疑问：“初稿 3.1 条款写的是 3 个月付清所有款项，后面又写 5 日，是否有矛盾？”

我点头道：“是的，我们在审查初稿时也发现这一矛盾，需要公司给定论，按 3 个月抑或 5 日为准？”

大家将目光投向公司的一把手张总，等待他的拍板。张总年龄大概 50 多岁，但思维非常敏锐，一点儿不亚于年轻人，他顿了一顿，宣布了决定：

“从现在开始，为了在最大限度上减少对方逾期付款的风险和可能性，我们必须统一要求所有受让方，在签订合同的同时，付清所有款项”。

这个决定让在场的所有人都吃了一惊，毕竟债权包转让的交易价款都不是小数目，动辄可能上亿元，难道就不给对方宽限一点筹钱的时间吗？不过，毕竟是领导的决定，不好公开质疑，我感受到公司其他人向我投过来的目光。

我明白，作为公司聘请的外部独立律师，在公司其他人不方便开口的时候，应该通过我这个角色，将他们的担心说出来。于是，我旁敲侧击道：“这个决定在法律上可以行得通，不过是否需要考虑交易条件如果过于苛刻，可能吓跑了投资者？”

张总似乎也明白，我的这种看法代表了在场大多数人的忧虑，他轻松地笑了笑，说道：“没问题的，我干这行 30 多年了，以前在香港、澳门和北京等地处置项目的时候，我们都是这样要求的，真正有实力的投资者，都会事先将资金准备好。只有那些抱着围标或捣乱目的的投机者，企图浑水摸鱼，才会对这个门槛有意见。”

担心已经说出来，但是既然领导已经拍板，其他人应该做的，就是无条件执行，这才是正确的团队工作方式。后来的事实证明，领导当初的这一决策很英明。公司经营3年多以来,虽然处置了充满风险和瑕疵的不良资产包无数个,但却创造了“无一投诉、无一诉讼和无一纠纷”的奇迹。

● 有逻辑的婆婆嘴

我翻着孙律师这份奋战了两天,写了足足20多页的文件,第一感觉是文件无论在内容和形式上,质量都有了较大提高,但是,初稿当中还有些问题,未能彻底改善。我把孙律师叫进来,还没有开口,孙律师就已经在抱怨:

“这份文件搞得我头晕得很厉害,当中需要考虑的细节太多了”。

“这个自然,做律师这一行,其他可以缺,就是不能缺心眼,而且还要比合同双方的心眼还要多。”我苦笑道。

“不过,我有一个不头晕的秘诀,想不想知道?”我故作神秘地说道。

“哦,那当然好啊”,孙律师开心地回应道。

“你要练练婆婆嘴的功夫,而且是有逻辑的婆婆嘴”,我说出了答案。

“婆婆嘴就是什么事情都要说上两句,和写合同有什么联系呢?”孙律师不太明白了。

我解释道:“举个例子来说,譬如合同目的写作,大家都知道它涉及合同效力和损失赔偿限额的界定问题,非常重要。初稿的写法——乙方接受债权包和协议项下的所有义务,没有突出转让标的,显然不当。你将这个条款改为,甲方有意按照本协议规定将标的债权整体转让给乙方,乙方有意按照本协议规定受让标的债权。虽然突出了转让标的,但还是没有把目的说透,债权必须捆绑瑕疵和风险一起转让。”

“有道理”,孙律师点了点头,“其实我在修订时,也注意到了这个问题,不过想不出更好的表达方式。”

我回答道,“更好的方法就是内容写得更详细些,尽量说得啰嗦一些,例如可以写成:甲方签署本合同的目的在于甲方有意将本合同附件一所列的债权包以及相应的瑕疵和风险按照本合同规定的条件和对价不可分割地整体转让给乙方。如此写法强调突出瑕疵和风险,以及债权包整体不可分割的特点。虽然啰嗦,但是更为稳妥。”

“还有一个更明显的例子,就是合同标的条款(如下),你的写法过于简陋了。或者说,写得不够明确。标的是一个最基本的合同内容,对于大多数律师而言,一般不会出错。但是,一旦交易条款变得很复杂,律师容易将注意力转移到其他条款上,而在这个最基本的问题上栽跟头,此谓善泳者溺。”

> 2.2　标的债权指甲方对本协议附件1所列的公司、企业享有的债权;以及其附属的担保权益;以及甲方对该等权益进行处置后形成的任何资产或权益(若有)。但本协议第十三条有特别规定的除外。

孙律师一边翻看合同条款,一边回应道:“我明白你的意思,我也知道参考稿当中对于合同标的几乎没有提及,所以特地在修订稿当中加上了2.2条款,已经将合同标的作了明确界定,为什么还会过于简陋呢?”

我回答:“我看到你加了这个条款,但问题是不够繁,不够长。这个内容是受让方取得权利的关键,如果规定不够详细就必然容易引起纠纷,更好的写法是不仅要写清楚标的是什么,还要将标的的文件清单、交割方式和确认标准等全部写出来。”

“我明白了,就是我写得不够啰嗦”,孙律师笑道。

“当然,律师的啰嗦和婆婆的啰嗦是两码事,婆婆的啰嗦是无逻辑的,散乱的,而律师的啰嗦是富有逻辑的,与之有本质区别”,我继续说道。在谈话过程中,我的目光落在了办公室桌面的相架上,里面有我在加拿大的照片,脑海里浮现出那段阳光灿烂的日子。

“举个例子。三年前我在加拿大生活的时候,我和老婆分工,她负责做饭和带小孩,我负责家务。结果两年里,我干了一生加起来都没有这么多的家务,洗碗、拖地、倒垃圾什么的,我一个人全包了。开始的时候比较混乱,所以浪费很多时间。

逐渐地,我总结出一套规范的工作程序,例如洗碗,每个碗要顺时针洗多少次,逆时针多少次,都形成了规律;洗碗、擦桌子和擦灶台,分别使用不同的抹布。甚至连拖地,都计划好从哪一个角落开始,按照什么样的顺序和次数进行。”

“呵呵,连干家务活都这样严格按照逻辑顺序来,好厉害”,孙律师笑道。

我报之一笑道,“在律师工作当中,如果你要少出错,或者说防止出错,用啰嗦的话语,严密的逻辑体系,说话或者写作,是一个非常重要的技巧。还是以这份合同为例,参考稿的叙事线索和逻辑非常混乱,当中居然遗漏了交割前义务先决条件等关键内容。如果事前设计好逻辑结构,你完全可以按照所有权保留——交割的先决条件——交割前义务、交割时间和内容——交割完成后的工作安排这一逻辑顺序,逐一展开写作,确保无一遗漏。"

"逻辑+婆婆嘴,这是写合同最重要的两点。"我总结道。

● 学习做一个"坏人"

"还有一点,我觉得你为人太过忠厚老实,心肠不够坏,所以合同没法写得更上一个层次",我笑道。

"哦,这是我为人的长处啊,与写合同有什么关系?"孙律师又不明白了。

我边翻开合同边说道,"我们来看看你写的 9.4 条款,原文是:

> 本协议解除后,乙方应当无条件将标的债权文件原件三日内全部退还甲方并积极协助办理与标的债权有关的各种债权人身份变更、诉讼权利人身份变更、权利抵押或质押登记/变更/注销等工作,恢复标的债权转让前的原状,否则应当向甲方承担赔偿责任。

这个条款里面有两个漏洞,一是对于将标的债权恢复原状,有规定乙方应当'积极配合',但没有规定完成期限;二是有规定乙方需要配合,但对于乙方拒不配合所应承担的后果没有规定。如果乙方仅仅将文件退给我们,但有意迟迟不将债权登记恢复原状,例如不配合向房管局办理抵押权人的变更登记手续,这个条款就形同虚设了。"

"这个漏洞我同意,不过我想,乙方已经全部付清款项,而且文件也已经交割完毕了,如果发生变故,受损失最大的是他啊。这个条款应用机会很微,这样的漏洞应该问题不大吧。"孙律师提出疑问。

我摇头道,"我同意你的判断,但不同意你的观点。律师不能仅仅因为某一条款只有1%甚至更小的发生可能性,就放松警惕性。在律师眼里,对方任何一个人,都可能是坏人,即使好一点儿的,也可能会是个粗心大意的人,随时有可能因为故意或者过失等各种原因违反合同规定。在这样的两个前提下,来展开思考和条款设计,才有可能堵住所有的漏洞,写出无懈可击的条款。"

"你的意思,学写合同,要先学做个坏人?学习以小人之心,度小人之腹”,孙律师笑道。

“是的,就是这个道理”,我回应道。

于是,我们两个小人聚在一起,将修订稿重新梳理了一遍,对于文书标题、结构、句式、用词等方面,重点作了改进,加强了标的交割标准和解除权方面的内容,最后形成了定稿(见附文5.2)。

• 风险,风险,还是风险

这个项目在我们的不懈努力下,最终成功处置完毕。回顾整个办案过程,最重要的考虑因素是风险。

首先,面对充满法律瑕疵和风险的不良资产,应当善于在文件当中,从各个方面、各个角度、各个阶段反复说明瑕疵和风险。

其次,鉴于债权包的移交手续和过程,远比其他普通资产复杂和繁琐,稍有不慎,就容易出现错漏。律师在起草过程当中,详细叙述交割条件和程序,才能有效预防履行当中的纠纷。

最后,不良资产的概念和处置方法均起源于国外,思路可以借鉴,但基于法律规定和处置程序不同,转让合同不能照搬外国文书模板,否则容易误导交易双方,埋下祸根。

附文:

5.1 《不良资产包转让协议》(初稿)

本不良资产包转让协议(以下简称本协议)由以下各方于二〇〇六年[ ]月[ ]日在××市签署:

(首部略)

第一条 定义与解释

在本协议中,除非上下文另有规定,否则下述词语具有下述含义:

(略)

第二条　不良资产包转让

2.1　甲方同意将不良资产包按本协议约定的条件全部转让给乙方，乙方同意按本协议约定的条件受让该不良资产包。甲、乙双方并一致确认自××××年××月××日起至今甲方自本协议附件一所列的其中××户债务人处收回的合计人民币×××元的回收款不包含在不良资产包内，不构成本次交易标的的一个组成部分。

2.2　在本协议满足了如下全部先决条件的前提下，不良资产包才能按本协议第五条的约定从甲方转让给乙方：

(1)本协议已生效；

(2)乙方已依照本协议规定按时足额支付完毕第3.1条约定的不良资产包转让价款，且甲方已足额收到全部的转让价款。

2.3　乙方在受让不良资产包后(即前述先决条件得到满足之日，无论本协议项下的不良资产包转让是否对债务人产生法律效力，下同)，应以自己的名义对不良资产包进行处置，并自行承担该不良资产包处置过程中可能发生的任何费用、责任、风险和损失；对于已经在强制执行过程的部分债权，乙方亦应自行承担由此产生的一切法律后果和风险。

2.4　乙方同意在受让不良资产包后继续遵守甲方在不良资产包转让前对不良资产包中所涉债权进行处置而向借款人、担保人所作的承诺及/或与其他相关方达成的任何协议、处置方案或者其他任何对甲方有约束力的文件，并且，乙方应自觉接受该等协议及/或文件对债权人赋予的权利和相应的约束，并愿意按照该协议及/或文件的约定行使债权人的权利和履行债权人的义务。

2.5　如借款人及/或任一担保人在乙方受让不良资产包后仍对甲方作出任何为偿还到期债务的支付，甲方有权选择：指示借款人及/或任一担保人直接向乙方支付，或在其已收到该等款项后，立即告知乙方以协商处理，或以该等款项直接对冲乙方应向其支付的到期应付转让价款。

2.6　在乙方受让不良资产包之后，就已在法院强制执行过程中尚未执行终结的部分债权(如有)，甲方在乙方受让不良资产包之日起的三个月内可以应乙方的要求协助乙方到人民法院办理强制执行申请人的变更手续，但甲方对该等变更手续能否完成不承担任何责任或瑕疵担保义务，且无论是否完成变更手续，乙方均应自行承担由此产生的一切法律后果和风险。

2.7　就不良资产包中甲方依据《抵债协议》取得的合法权利，甲方将在乙方受让不良资产包之日起一个月内，以公证送达的方式向该等《抵债协议》的其他签署方发出权利转让通知，并将该《抵债协议》及其他相关债权文件（如有）之原件移交给乙方，即视为已经向乙方履行了交付义务；其他相关手续概由乙方自行办理，有关一切税、费（如有）亦由乙方自行承担，与甲方无涉。

2.8　就不良资产包中甲方依据以物抵债裁定书享有的合法权利，甲方将在乙方受让不良资产包之日（即前述先决条件得到满足之日）起一个月内，将该等裁定书之原件交付给乙方，即应视为甲方已经履行完毕交付义务。乙方如果欲依法实现该等裁定书项下之合法权利，须自行承担费用并自行办理相关之手续；甲方原则上无义务为乙方办理任何手续，仅在乙方办理该等手续过程中必须甲方协助时提供合理的程序性协助。

2.9　就不良资产包中涉及的土地使用权及房屋产权（以下简称抵债物业）相关权益的转让事宜，按如下约定执行：

2.9.1　乙方已充分理解：无论抵债物业是否已经过户至甲方名下，甲方所转让的抵债物业相关权益是指甲方可通过协议转让的抵债物业的相关权益，并非是抵债物业本身（即所涉及之土地使用权及房屋产权）。

2.9.2　如果该等抵债物业已经具备过户的条件，就该等抵债物业的过户变更手续，如届时需履行国家或地方法律、法规及政策规定的必要程序或手续（包括但不限于在土地交易机构挂牌公开交易），概由乙方负责办理，由此发生的一切税、费由乙方承担。甲方同意应乙方的要求提供必要的程序性协助。

2.9.3　如果该等抵债物业已经具备过户的条件，无论抵债物业采用何种方式实现过户转让，甲方不保证乙方一定是抵债土地或房产的最终受让人。若乙方因任何原因最终未能成为抵债土地或房产的合法使用人或产权人，此情形将不被视为甲方在本协议项下的违约行为。

2.9.4　如乙方有能力在经过公开交易等法定程序或履行其他合法手续后成为抵债物业的受让人，就抵债物业的过户办理，甲方仅有进行程序性协助配合的义务，与此相关须由交易方缴纳的税、费（包括但不限于欠缴的地价款、土地闲置费、营业税、增值税、手续费等，下同）概由乙方自行承担，与甲方无关。一切以甲方名义与第三方(包括但不限于政府部门、中介机构等)进行的行为,如须由甲方对外履约或承责,概由乙方负责;如甲方在交易过程中出现经济方面的支付,则乙方须应甲方的要求在十天内如数归还或赔偿甲方的经济损失。

2.9.5 如乙方在经过公开交易等程序或其他合法手续后未能成为抵债物业的受让人,则乙方依据本协议实际受让的系因抵债物业交易而产生的收益权(如有;甲方不担保相对人的付款义务,且不就相对人的不付款等违约行为对乙方承担任何责任),与此相关须由交易方缴纳的税、费,概由乙方承担。如甲方事先垫付或在交易过程中发生对外承责或赔付,乙方须应甲方的要求如数返还垫付款项及/或赔偿甲方的经济损失。

2.10 尽管有前述约定,由于甲方系按现状向乙方出售不良资产包,乙方同意按现状购买不良资产包,如果由于涉及抵债资产的任何法律文件本身存在的任何法律或其他瑕疵,或者因为法律政策等的变化,或因任何现实或其他障碍,或因任何其他原因而导致乙方未能最终自抵债资产取得任何经济利益,或甚至发生损失,乙方须自行承担一切风险及责任,与甲方无涉。

2.11 关于债权追偿的代理人的约定:

(略)

第三条 转让对价、价款支付及定金担保

3.1 本协议项下的不良资产包转让价款为人民币(大写)________元(RMB________),乙方应在《不良资产包转让协议》生效之日起五日内向甲方支付50%,余款在《不良资产包转让协议》生效之日起三个月内付清。

3.2 鉴于乙方在本协议签订前已向甲方支付人民币×××万元(RMB×××),甲、乙双方同意,在本协议生效时,该等款项中相当于不良资产包转让价款20%的款项转为定金(在该×××万元小于不良资产包转让价款的20%的情况下,则以该壹仟万元作为定金),用于确保乙方在本协议生效之日起的五日内向甲方按时足额支付不良资产包转让价款与该壹仟万元之间差额部分的款项("不良资产包转让价款差额")即人民币(大写)________元(RMB________)。如乙方按时足额向甲方支付了不良资产包转让价款差额,则该等定金在甲方收到乙方足额支付的不良资产包转让价款差额时,即抵作不良资产包转让价款的一部分。

在上述人民币×××万元大于定金款项的情况下，该人民币×××万元与定金款项之间的差额款项转为乙方预先支付的部分不良资产包转让价款。在本协议依第8.2.2条约定被解除、甲方没收乙方定金时，甲方应将该等转为乙方预先支付的部分不良资产包转让价款的款项退还给乙方，但无须退还该等款项在甲方账户存放期间产生的利息。

3.3　乙方本协议项下所有应支付给甲方的款项，均应汇付至甲方的如下银行账户或甲方指定的银行账户：

（略）

第四条　不良资产包文件之移交

4.1　在不良资产包转让给乙方前，不良资产包文件的原件仍属甲方所有。甲方在根据本协议第二条规定将不良资产包转让给乙方后的一个月内，将不良资产包文件之原件移交给乙方，并逐步协助乙方办理相关的通知手续和过户变更登记手续（如需），但因此而发生的费用（如有）由乙方承担。

4.2　不良资产包文件原件的移交完成以甲方和乙方授权代表签署完毕书面交接文件的时间为准，甲、乙双方签署的书面交接文件应载明不良资产包文件移交的时间、地点、甲方移交的文件之名称及数量。甲方有权自行承担费用聘请公证机构对该等文件的移交过程进行公证及出具公证书。

第五条　不良资产包转让的通知

5.1　（略）

5.2　（略）

第六条　税、费

因不良资产包的转让而应缴纳的一切税、费，由甲、乙双方按法律规定各自承担。但抵债物业相关权益转让所涉及的税、费承担事宜，按本协议第二条第2.9款规定执行。

第七条　声明与保证

7.1　甲方的声明与保证

7.1.1　甲方系依法成立之非银行金融机构中国××资产管理公司之

分支机构,对不良资产包享有合法权益,具备合法的资格和能力签署本协议,并已采取一切必要的行动以获得授权签署及履行本协议。

7.1.2 甲方特别作出以下声明:

7.1.2.1 甲方在《不良资产包转让要约邀请文件》附件一中所列之债权金额仅为甲方根据截至××××年××月××日的统计资料所作的一般性描述,可能存在计算误差。甲方此次系按照转让当日的现状出让。若该等债权的金额与准受让方判断或裁判机构认定的金额及/或性质存在误差,以甲方转让时实际持有权利的性质及金额为准,并不属于甲方违约。

7.1.2.2 甲方对附件一所列抵债资产的相应权利系依据相关抵债协议、法院裁定或法律的规定所享有,但甲方并不保证其对该等抵债资产的完全的所有权,亦不保证乙方能顺利取得该等资产的所有权。乙方应完全接受该等资产的法律瑕疵(如有)并自行承担因自甲方受让该等权利后的一切风险和法定的税费负担。

7.1.2.3 抵债资产的转让并非所涉资产完全意义上的所有权的转让,对甲方因抵债协议的约定及/或法院裁定而取得的对相关抵债资产的权利的,应视为抵债协议及/或法院裁定项下甲方权利中可以通过协议进行转让的权益的转让。在任何情况下,甲方不保证该等抵债协议及/或法院裁定的准确性、合法性、有效性及可强制执行性,更无义务确保乙方可取得该等抵债协议或裁定书项下的抵债资产;乙方应聘请自己的法律及财务顾问进行分析和判断,并在此基础上做出独立商业决策。

7.1.2.4 甲方不保证抵债资产清单所涉及之房地产、土地使用权相关数据的准确性,最终数据以相关机关实际测绘数值为准;对于该等土地使用权及房产,无论是否已经过户至甲方名下,甲方此次公开出让的系甲方依据有关法律文件就该等抵债土地使用权及房产取得的相关权利中可以通过协议转让的权益而并非土地使用权及/或房产本身。如果按照不良资产包移交当时的法律、法规、地方政策的规定,抵债土地使用权及/或房产须以公开挂牌交易方式出让,则甲方此次转让的该等相关权益实际上是挂牌交易后的收益权(如有);在一切条件具备的情况下,甲方同意应受让方的要求以甲方的名义办理该等挂牌手续,但相关的一切挂牌前及挂牌后的手续须由受让方自行办理,有关一切费用、税收概由受让方承担。如果不良资产包移交当时的法律、法规、地方政策并无公开交易的要求,或者受让方通过其他合法手续能够取得土地使用权,甲方同意在受让方办理过户手续过程中提供一定合理协助,但相关之一切费用、税收(如有)概由受让方承担。在任何情况下,甲方无义务确保受让方可以将该等土地使用权及/或房产过户至其名下。

7.2　乙方的声明与保证

7.2.1　乙方系依法设立并有效存续的独立企业法人,有权按《企业法人营业执照》核准的经营范围经营其现在或将来计划经营的业务,有权以签约人的身份签订和履行本协议;乙方为确保本协议的合法性、有效性和可执行性,已履行必须的一切批准手续及取得一切必要的批准文件。乙方保证其为自甲方受让不良资产包及签署本协议而向甲方提供的所有证明、文件、资料和信息,均在提供资料的当日是真实、准确和完整的,该等证明、文件、资料和信息所基于的事实基础在提供资料的当日亦是真实、合法的。本协议的签订对乙方构成合法、有效与具有约束力的义务。

7.2.2　乙方签署及履行本协议不违反对其适用的任何现行法律规定,不违反由其签署的任何文件,也不违反对其任何资产具有约束力的任何文件;不与由其签署的任何已生效或者将对其生效的法律文件规定的义务相冲突;并且不存在任何会影响其履行本协议项下义务的诉讼、仲裁或其他法律规定。

7.2.3　乙方对于甲方在本协议第7.1.2条项下所作出的声明表示完全接受和认可。为签订本协议,乙方已对不良资产包之现状及甲方对不良资产包所享有权益之实际情况已经做了审慎、独立、全面的调查和必要的了解,认真审阅了甲方提供的不良资产包有关文件,并表示完全清楚、认可与接受,在此基础上,乙方对是否受让不良资产包以及不良资产包转让价款已自主作出判断和决定,并同意签署本协议,愿意自行承担因此可能发生的一切风险和损失,且不向甲方索赔。乙方的判断不依赖于甲方的介绍、陈述或声明,或甲方提供的乙方签署文件以外的任何资料与信息。本协议之效力亦不会因为不良资产包及/或不良资产包文件存在或可能存在的瑕疵而受到影响。

7.2.4　乙方保证,其已向甲方支付的人民币壹仟万元的资金来源合法,系乙方通过合法途径获得的合法资金;乙方并承诺,其依本协议须向甲方支付的不良资产包转让价款差额亦将为乙方通过合法途径获得的来源合法的资金。

7.2.5 乙方保证在其取得本协议项下不良资产包后,将严格按照中国法律法规许可的方式处置不良资产包,不会以甲方的名义对外进行追收,并不得采取任何非法形式恶意地损害甲方的利益,若出现违法行权或损害甲方利益等情形,乙方应承担一切法律责任。

7.2.6 为使本协议保持有效性和可执行性,若在本协议履行期间根据适时颁布的法律规定某些手续需要履行,乙方须按照适用法律的要求及时取得、更新或延续所有必要的授权、批准、同意、许可、备案及/或登记等,并及时向甲方提供已正式完成这些手续的文件资料。

7.2.7 乙方进一步向甲方承诺,只要其在本协议项下应向甲方支付的转让价款(包括因其延期支付而产生的逾期付款违约金)尚未完全付清,乙方须严格履行下述义务:(1)乙方将根据甲方的要求向甲方提供其经营情况报告;(2)如发生针对乙方或与其有关的诉讼、仲裁或争议,而其结果可能严重影响乙方的财务状况、业务经营及支付能力时,乙方应立即通知甲方,并应及时向甲方提供其合理要求的有关诉讼、仲裁或争议的情况、资料。

7.2.8 乙方将不会采取任何可能导致甲方在本协议项下的权益遭受不利影响、损害、解除或妥协的行为,或作出任何其他妨碍或可能妨碍甲方根据本协议的规定行使权利的行为。

7.2.9 乙方并在此承认中华人民共和国法律所确立的公司法人企业制度及甲方的企业法人地位,乙方保证将不会因受让的不良资产包而对中华人民共和国国家及各级政府以任何方式行使追索权(包括但不限于不会按照中国法律有关规定向中华人民共和国国家及各级政府行使担保权利人的权利)。(下略)

7.2.10 乙方承诺其不以甲方的名义对不良资产包所涉债务人进行追偿。

7.2.11 (略)

第八条 违约事件与违约责任

8.1 以下事件为违约事件:

8.1.1 甲方或乙方在本协议中作出的任何声明与保证不真实或部分

不真实,或违反了任何其于本协议中所作的任何声明、保证或承诺,或违反了任何本合同约定的其须履行的义务;

8.1.2　乙方未能按照本协议第三条规定的付款期间及金额支付不良资产包转让价款;

8.1.3　乙方经营状况严重恶化,使乙方在本协议项下的履约能力已受到实质性不利影响或已不再具备履约能力;或者发生任何针对乙方的诉讼或仲裁(包括但不限于乙方破产、清算),使乙方在本协议项下的履约能力受到实质性影响;

8.1.4　乙方对不良资产包进行违法处置,或者恶意地采取不合理的方式对不良资产包进行处置,对甲方的合法权益造成实际损害的,包括但不限于以甲方名义实施侵权行为,或者虽然不产生甲方的民事责任,但对甲方的社会影响造成严重贬损;

8.1.5　其他任何类似的实质性影响乙方履行本协议项下义务的事件。

8.2　本协议任何一方因发生违约事件,应当承担违约责任;造成另一方损失的,违约方还应赔偿守约方的损失,该等损失包括但不限于:守约方实际损失及预期利益、律师费用、诉讼费用、调查取证费用、交通费用等。

8.2.1　如乙方发生任何违约事件,甲方有权(但非必须)宣布本协议项下一切未到期的支付责任提前到期,乙方应在收到甲方通知之日起三个工作日内履行全部提前到期的支付义务。

8.2.2　如乙方违反其在第7.2.4条所作的保证与承诺,甲方除可以选择依据前述规定要求乙方承担违约责任、赔偿甲方损失外,亦可选择解除本协议、要求乙方返还不良资产包所涉资产及赔偿甲方损失。

8.2.3　出现下列情形之一、部分或全部,视为乙方根本性违约:

(1)乙方在本协议生效之日起五日内未支付完毕不良资产包转让价款差额;

(2)乙方迟延履行本协议中规定的其他义务,致使甲方不能实现本协议之目的。

出现上述情形之一、部分或全部的,则构成乙方的根本性违约,甲方有权向乙方发出解除本协议的书面通知,并没收乙方定金。

8.3　乙方同意,甲方对所转让的不良资产包不承担法律上的合法性、有效性的瑕疵担保责任。

8.4 乙方已被告知并完全理解,其受让的不良资产包,可能存在计算误差,或其他原因,从而导致乙方实际接收的不良资产包所涉金额(包括但不限于本息数,下同)与附件一的不良资产包清单所列金额不完全一致,甲方对此等金额误差不承担任何责任。

甲方在本协议及附件中就不良资产包的性质、相关金额等仅作一般性描述,若该等性质、金额与乙方判断或裁判机构认定的实际性质、金额存在差别或者误差,不属于甲方违约。

8.5 本条约定不因本协议的无效、中止、终止或因其他原因不能进行而丧失法律效力。

8.6 甲方违反本协议项下约定的义务,应承担相应的违约责任。

第九条 保密义务(略)

第十条 适用法律及争议解决(略)

第十一条 通知(略)

第十二条 修改与变更(略)

第十三条 合同权利义务的转让(略)

第十四条 协议的生效(略)

尾部(略)

5.2 《债权包转让合同》(定稿)

合同各方均已经认真阅读和充分讨论本合同,共同起草制作并在完全理解和接受其含义的前提下签订本合同。本合同由以下双方于2008年________月________日在中国广州市共同签署。

(首部略)

鉴于:

1. 甲方是中国法律承认的合法主体,有权从事不良资产的经营活动。

2. 乙方是中国法律承认的合法主体,不属于中国法律禁止购买债权的主体。

3. 甲方自中国××资产管理公司××办事处(以下简称某资产公司)合法受让了本合同附件一所列的债权包。

4. 甲方签署本合同的目的在于甲方有意将本合同附件一所列的债权包以及相应的瑕疵和风险按照本合同规定的条件和对价不可分割地整体转让给乙方。

5. 甲乙双方一致确认,甲方已就债权包的现状及风险向乙方做了双方认为充分、必要的披露和说明,乙方在充分理解和接受债权包存在瑕疵和风险的基础上,愿意按现状整体受让债权包。

为明确各自的权利义务和责任,甲方和乙方在平等自愿的基础上,经双方充分地协商合同内容的基础上,双方共同起草和协商制定如下条款,以资共同遵守履行:

1. 定义和解释

在本合同中的下列词语应具如下涵义,但本合同另有规定除外:

"本合同",指本合同及其附件,包括合同双方对本合同的修改、变更和补充而共同签署的书面文件。

"甲方",指顺威联合资产管理有限公司。

"债务人",指本合同附件一所列的借款人和/或担保人任一、部分或全部。

"担保人",指本合同附件一所列的、为债务人向债权人提供保证、抵押、质押或其他任何第三方担保的保证人、抵押人、质押人或其他担保方的全部、部分或任一。

"某资产公司",指中国××资产管理公司××办事处。

"贷款银行",指向本合同附件一所列的公司、企业提供贷款的原××银行和/或××银行总行、分/支行或分理处(或办事处)。

"封包基准日",指计算本合同项下债权包总额以及描述债权包状况的日期,应当具有本合同2.2条款的含义。

"本金余额",指截至封包基准日,债务人应向甲方归还但尚未归还的本外币贷款本金余额。

"利息",指截至封包基准日,债务人应向甲方支付但尚未支付的本外币贷款利息,该等利息并不必然列示在本合同附件一当中。

“担保权益”,指截至封包基准日,担保人应向甲方承担担保责任所形成的相关财产权益,该等权益并不必然列示在本合同附件一当中。

“处置所得”,指截至封包基准日,甲方对债权以各种合法有效的方式进行处置而获得的现金、非现金形式的资产以及其他任何可以描述其经济价值的相关财产权益,该等权益并不必然列示在本合同附件一当中。

“债权包”,指本合同附件一所列的甲方拥有的到期或逾期债权之和,包括贷款本金余额、利息(若有)、担保权益(若有)及处置所得(若有)。

“债权处置”,指为实现债权权利和回收而进行的各种合法处分行为,包括但不限于诉讼或仲裁、申请强制执行、拍卖、以物抵债、作价入股或者债权转让、资产重组、委托或授权处置等方式。

“处置费用”,指对债权以各种合法有效的方式进行管理或处置所发生的费用,包括但不限于诉讼费用、仲裁费用、中介服务机构费用、公证费用、翻译费用、差旅费用、登记费用、税收等费用。

“债权包转让对价”,指本合同规定的乙方受让本合同附件一所列的债权包应当向甲方支付的款项,前述对价按照本合同3.1条款填写金额为准。

“债权包文件”,指甲方自某资产公司取得的及甲方在对债权管理和处置过程中收集或开具的有关文件,包括但不限于借款合同、借据、担保合同以及相应担保文件、借款人资料、催收文件、和解合同、重组合同、债务减免协议、诉讼代理协议、法律文书(公证书、支付令、判决、裁定、决定、通知、授权书、承诺书)等。

“交割完成日”,指前述债权包交割工作实际完成之日,即甲乙双方按照4.4.1条款规定签署文件移交清单之日或甲方按照4.4.2条款规定将债权包文件办理公证提存之日。

“登记税费”,指对债权当中涉及的各项资产和权益进行过户或权益登记所发生的费用,包括但不限于印花税、契税、增值税、所得税、营业税、交易手续费、工本费、公证费、鉴证费、房产测绘费、评估费、查册费、产权登记费等各种费用。

2. 债权包

2.1 债权包构成

本合同附件一所列债权包截至封包基准日，共有项目债权________户，本金余额约折合人民币________万元。前述债权包户数、各项债权本金余额、利率、汇率及其各项利息金额(若有)和处置所得金额(若有)仅为方便甲乙双方描述债权包之用，并不作为任何一方评估或计算债权包商业价值和转让对价的依据。

甲乙双方一致确认，甲方同意按照本合同规定，将本合同附件一所列的甲方享有的债权包，按照封包基准日现状，包括但不限于法律状态、实际使用状况、债权包文件状态以及债权包过去或现在、可能或实际存在的瑕疵和风险，不可分割地整体转让给乙方，乙方同意按照本合同规定受让。

鉴于封包基准日至交割完成日期间，债权包可能或即将发生各种变化，包括但不限于权利、收益、风险、费用或损失等，甲乙双方一致同意该等变化不视为对前述现状的任何变更或改变，并且乙方同意完全接受和承担该等变化所导致的一切权利、收益、风险和产生的费用和损失。

2.2 封包基准日

本合同所称封包基准日为________年________月________日。

2.3 瑕疵和风险

2.3.1 甲乙双方一致确认，甲方已经按照要约邀请程序就债权包当中的单个项目以及整体的真实性、合法性、有效性、完整性、瑕疵和风险向乙方做了必要和充分的陈述并提供了相关资料。鉴于不良资产本身固有的法律状态不确定特性，乙方不依赖于甲方提供任何与债权包有关的文件、资料、说明或协助，已经自行完成了对债权包的调查和核实工作，并独立作出对债权包的商业价值判断、转让对价要约和相关商业决策。

2.3.2 乙方已经被充分告知和确认,鉴于中国法律政策导向的不确定性,原债权人对于债权包所享受的行政和税收优惠政策以及债权包在转让以后产生的利息、罚息,乙方可能无法继续享有。

2.3.3 乙方已经被充分告知和确认,债权包可能存在表面或潜在的瑕疵和风险,包括但不限于债权包文件及其项下权利可能部分或全部无效或被撤销、实现债权包项下权利必须经过特定批准程序、债权包项下权利与第三人共有、债权包文件记载内容与实际不符、债权包文件原件丢失或由第三人持有、债权金额存在争议、债务人可能已经破产或下落不明、保证协议约定主债权不可转让或只对特定债权人承担保证责任、担保没有办妥相关登记手续或存在被宣布无效的可能性、进入司法仲裁程序的债权和担保权益缺乏诉讼时效中断、中止的证明或未获支持或已过诉讼时效或已过上诉期限或已过申请执行期限而无法获得法律保护以及实现债权可能需要扣减或支付相应费用等。

2.3.4 乙方已经被充分告知和确认,鉴于不良资产的商业价值和法律状态存在不确定性,乙方在提出要约和签署本合同前后,已经甲方充分告知和自行调查而知悉债权包存在与一般债权和财产权利不同的表面或潜在的瑕疵和风险,并且在不断变化当中。乙方充分理解和同意接受上述瑕疵、风险和变化,并知悉甲方因上述瑕疵和风险已经在转让对价当中作出了相应的折扣,乙方同意无条件免除甲方就一般买卖合同当中所应当承担的瑕疵担保义务。

3. 债权包转让对价

3.1 金额和付款时间

就本合同约定的债权包,乙方同意在本合同签署之日,向甲方支付债权包转让对价人民币大写________万元(RMB________万元),甲方同意按照本合同规定接受上述转让对价。

3.2 付款方式

甲方仅接受乙方将转让对价直接从乙方的中国境内账号汇入甲方指定

的如下账号：

开户银行：________________

户　　名：________________

账　　号：________________

3.3　无条件付款

乙方签署本合同的行为本身即意味着同意无条件向甲方支付债权包转让对价全部款项，乙方同意不得以任何原因延迟、拒绝支付或请求返还部分或全部债权包转让对价款项。

3.4　保证金冲抵

假若乙方在签订本合同前，已经由乙方账号向甲方指定账号支付了保密保证金和履约保证金的，该等款项可以冲抵债权包转让对价款当中的相应金额。但乙方委托第三人支付的任何费用，包括保密保证金或履约保证金，不允许冲抵债权包转让对价款项。

3.5　权利、义务和风险转移

自本合同生效之日起，债权包的所有权利、义务和风险全部转移给乙方，但本合同声明保留或另有规定的除外。

4. 债权包交割

4.1　所有权保留

无论何等原因和债权包以及相关债权包文件是否已经完成交割，在乙方未按本合同规定全部足额向甲方支付债权包转让对价之前，甲方仍完全保留拥有债权包中任一、部分或全部的所有权和相关权益。

4.2　交割的先决条件

甲方开始交割债权包的先决条件是乙方已经按本合同规定全部足额向甲方支付转让对价并按时、持续和全面地遵守本合同规定和相关的保证和承诺。如甲方发现乙方有任何违反上述规定的行为,有权停止办理债权包的交割手续和相关配合协助工作。

4.3　交割完成前的工作

4.3.1　自乙方付清全部债权包转让对价之日起至交割完成日止,乙方因进行债权处置需要使用尚未交割的债权包文件原件的,应向甲方提出书面申请并承诺妥善保管债权包文件,甲方应在不影响正常处置工作的前提下提供债权包文件给乙方使用。如因乙方原因造成债权包文件原件发生损坏、丢失的,由乙方自行承担有关损失。

4.3.2　自乙方付清全部债权包转让对价之日起至交割完成日止,如乙方在合理时间内提前书面通知甲方并愿意交纳或承担一切费用的(无论该等费用是否以甲方或乙方名义交纳或承担),甲方在力所能及的范围内配合乙方办理如下与债权包相关事项:

(1)协助乙方联络经办案件的法官、律师、债务人、担保人及其他相关当事人,了解债权回收进度和相关事宜;

(2)协助乙方向法院提出申请、递交法律文件、参与诉讼、执行程序并应人民法院的要求完成具体工作等。

4.4　债权包交割时间和内容

4.4.1　自乙方向甲方全部足额付清转让对价之日起45日内,乙方可以指定授权代表在甲方人员的带领下,一起到某资产公司调取并核对某资产公司移交给甲方的全部债权包文件,然后据以制作债权包文件移交清单。该文件移交清单由甲乙双方先行签署,再交由某资产公司签署。甲乙双方签署文件移交清单之日,甲方即完成本合同规定的债权包交割义务,但

4.4.2 条款规定的情况除外。

4.4.2　如乙方迟延核对债权包文件、逾期不接收债权包文件或不签署文件移交清单的，甲方可以与某资产公司核对债权包文件后，将债权包文件办理公证提存。债权包文件办理公证提存之日，甲方即完成本合同规定的债权包交割义务。

4.4.3　甲方向乙方交割的债权包文件仅限于甲方自某资产公司取得的及甲方在对债权包管理和处置过程中收集或开具的与债权包有关的文件，但不包括下列文件：

（1）原债权包所有权人或甲方对债权包进行管理的内部文件，包括但不限于请示、报告、批示、计划、安排、会议纪要、股东会决议、董事会决议等；

（2）原债权包所有权人或甲方委托律师事务所或其他中介机构出具的与债权包有关的文件，包括但不限于分析报告、法律意见书、法律建议书等；

（3）原债权包所有权人或甲方在乙方付清债权包转让对价之日前为处置债权包已经移交或者应当移交第三人或者应当注销的文件。

4.5　处置所得交割

甲乙双方一致同意，截至封包基准日之前的债权包处置所得（若有）均归甲方所有。自封包基准日开始的处置所得（若有）均归乙方所有。乙方签署本合同 4.4.1 条款规定的债权包移交清单或者甲方按照 4.4.2 条款完成公证提存之日，视同甲乙双方已经将处置所得交割完成。

4.6　处置承诺继受

乙方同意将继续遵守和履行乙方付清全部债权包转让对价款之日前甲方或受让债权包前的原相关债权人对债权包进行处置而向相关的债务人、担保人、租赁物承租人、处置代理人所作的书面协议、合同、承诺或其他任何对甲方有约束力的书面文件，包括但不限于债务重组合同、租赁合同、授权书、承诺书、委托书等一切具有法律效力的文件，该等文件构成债权包的一部分。债权包处置代理人的情况见附件二。

4.7　转让通知和公证送达

甲方完成如下规定内容之一者,视为甲方已经完成债权包转让通知义务:

4.7.1　自乙方向甲方全部足额付清债权包转让对价之日起30日内,乙方负责安排在一家省级报纸上以刊登公告的方式向债务人及/或担保人发出债权转让通知,甲方协助乙方工作。刊登公告费用由甲乙双方各承担50%。

4.7.2　如乙方提出要求的,甲方可配合乙方采用公证送达或邮寄送达的方式向债务人及/或担保人发出债权转让通知。相关债权转让通知的格式文本由乙方起草,在甲方认可后由甲方签署确认。由乙方自行办理公证送达或邮寄送达手续。公证邮寄送达费用由乙方承担。

4.8　变更登记和签署文件

4.8.1　乙方负责办理各种与债权转让相关的身份变更等工作,包括但不限于所有权人身份变更、使用权人身份变更、债权人身份变更、诉讼权利人身份变更等过程当中所涉及的过户、评估、审计、纳税、注销等工作,甲方在能力范围之内配合乙方完成上述工作。

4.8.2　自本合同生效之日起,若因变更登记或其他需要,甲乙双方就债权包整体或部分签订任何的转让证明、转让合同或法律文件的,除非甲乙双方特别声明修改本合同相应条款,否则该等文件规定应当与本合同保持一致,不得违反本合同内容。该等文件没有规定、规定不清或规定违反本合同相应条款的,均以本合同规定为准。

4.9　交割完成后的工作

4.9.1　乙方负责完成4.4条款至4.8条款所列的各项工作,甲方在合理范围内向乙方提供协助,但甲方对上述工作是否能够完成或者结果不承担任何责任或瑕疵担保义务。乙方仅在付清全部债权包转让对价款之后方有权向甲方提出上述要求,除本合同另有约定外,上述请求期限最长不得超过乙方付清全部债权包转让对价之日起45日,且上述工作是否能够完成不影响本合同的效力和甲方向乙方及时足额收取债权包转让对价款项。

4.9.2 除本合同另有规定外,办理上述工作所产生的一切费用,无论以甲方或乙方名义交纳,均由乙方自行负责和承担。

4.9.3 自交割完成日开始的一切与债权包相关的事宜和工作,包括但不限于联络经办案件的法官、律师、债务人、担保人及其他相关当事人;了解债权回收进度等相关情况;商议和决定债权包权利放弃、减免、回收或再转让事宜;与债权包项下权利有关联的其他方商谈权利分割和联合追收事宜;向政府部门、司法机关或仲裁机构提出申请、递交和签署与债权包相关的一切文件;参与仲裁、诉讼或执行程序等,均由乙方自行或委托其他人负责和承担。

5. 税费承担和结算

5.1 税费承担

5.1.1 甲乙双方因债权包整体转让所产生的营业税费,除本合同另有规定外,由合同双方按法律规定各自承担。

5.1.2 因乙方受让、申明、登记、持有、使用、处置或再转移本合同附件一所列债权包任何项目所产生的一切费用,包括但不限于将债权包或债权包所涉及的任何资产(若有)从原所有权人过户到乙方或者第三人名下所产生的登记费用(若有),包括过户费用、所有权人变更登记税费、开具债权包或其他关联项目收款发票所产生的税费、保证金、评估、测量、审计或拍卖中介费用等因乙方需要主张或再转移所有权人权利而由相关政府部门、法院、中介机构等收取的所有费用以及已欠缴或发生的物业管理费、水电费、煤气费、电话费和相应的滞纳金等费用,即使法律规定应当由甲方、贷款银行或某资产公司承担,鉴于甲方已经在转让对价当中给予乙方相应的折扣,因此乙方自愿承担上述费用。

5.1.3 债权包在封包基准日前已经支付的处置费用和登记税费由甲方负责,自封包基准日起,所有的债权包处置费用和登记税费由乙方负责。

5.2 费用结算

甲方依据本合同以及乙方要求,向乙方提供的任何配合工作或服务所产生的费用和税费,包括但不限于律师、会计、审计、评估、测绘、拍卖等中介机构收取的费用;政府部门、人民法院等部门收取费用等,无论以甲方或乙方名义交纳,均由乙方自行承担。

6. 承诺和保证

6.1 甲方的承诺和保证

6.1.1 甲方具备合法的资格和能力签署本合同,并已采取一切必要的行动以获得授权签署及履行本合同;

6.1.2 甲方签署并履行本合同并不违反其与中国东方资产管理公司签署的与债权包转让有关的合同;

6.1.3 甲方签署并履行本合同不违反对其所适用的现行法律规定的禁止性规定,不违反由其签署的任何法律文件。

6.2 乙方的承诺和保证

6.2.1 乙方系合法存续的法律主体,具备合法的签约资格和履约能力,乙方已采取一切必要的行动以获得合法授权签署和履行本合同。

6.2.2 乙方保证其为签署、履行本合同而向甲方提供的所有证明、文件、财务报表、资料和信息,在提供资料的当日均是真实、准确和完整的。

6.2.3 乙方签署并履行本合同不违反对其适用的任何现行法律规定,不违反由其签署的任何文件,也不违反对其任何资产具有约束力的任何文件;并且无任何会影响其履行本合同项下义务的诉讼、仲裁或其他法律规定。

6.2.4 乙方同意以自己的名义对债权包进行处置,无论债权包尚未或正在诉讼或仲裁,或者正处于执行或者执行完毕阶段,乙方均应自行承担由此产生的一切责任、费用、风险和法律后果。

6.2.5　乙方理解和接受本合同关于债权包变化、瑕疵和风险的规定，并且同意无论债权包中出现任何变化、瑕疵或风险，而影响到债权包项目构成、处置承诺、处置方式、处置所得、处置费用、登记税费或者所有者权益发生变化，乙方均不就债权包中的任何或全部向甲方、某资产公司、信达广州办或贷款银行主张或行使撤销权或追索权，即使国家法律或者相关政策规定允许乙方行使该等权利，乙方亦不可更改地决定放弃。

6.2.6　乙方同意将继续遵守和履行乙方付清全部债权包转让对价日之前甲方或受让债权包前的原相关债权人对债权包进行处置而向相关的债务人、担保人、处置代理人所作的书面协议、合同、承诺或其他任何对甲方有约束力的书面文件，包括但不限于资产重组合同、债务减免合同、授权书、承诺书、委托书等一切具有法律效力的文件，该等文件构成债权包文件的一部分。

6.2.7　乙方受让债权包后，保证所采取的债权处置措施包括但不限于再转让、诉讼、谈判、合作以及其他形式均必须适用中国法律，并以中国法律认可的合法形式和途径进行。乙方保证不会采取任何非法形式恶意地损害原债权包所有权人、甲方、中国东方资产管理公司或贷款银行的合法利益。

6.2.8　乙方承诺如对债权包进行再转让或与其他投资者进行任何形式的合作时，乙方将要求和保证受让方或合作方承诺遵守本合同6.2.5、6.2.6和6.2.7条款的规定，否则乙方同意承担由此引起的一切责任和损失。

7. 保密义务

7.1　保密信息

乙方同意，对于本合同签署和履行过程中得到的关于债权包和甲方的文件资料和资料均负有保密义务，非因诉讼、仲裁等法律争议程序之需要或履行本合同需要以及合同相关方同意不得对第三方披露，否则应承担损害赔偿责任。

7.2　保密义务人

乙方同意，进一步采取所有合理的努力和防范措施，防止其任何关联公司、雇员或人员或任何其他人员以及雇佣的中介机构和企业获得或未经授权使用或披露上述任何保密信息。

7.3　保密协议

甲乙双方一致同意,在签署本合同前已签署的《要约邀请项目保密协议》作为本合同的一部分,双方仍应继续履行和承担相应保密责任。

7.4　保密期限

甲乙双方一致同意,不论本合同是否变更、中止、解除、终止,本条约定对双方一直具有约束力,除非有关保密信息的权利人书面同意另一方解除保密义务;或该等保密信息非由于一方违反本合同的原因已经进入公共领域而为公众所知悉;或有根据法律法规规定可以免除保密义务和责任的情形。

8. 合同的履行和变更

8.1　合同的履行

甲乙双方应本着善意及诚实信用的原则遵守并履行本合同,合同双方相关负责人员及经办人员的任何变动,应及时通知相对方,但并不因此影响本合同的效力和履行。授权代表依据授权委托书所作出的意思表示和签署的书面文件,均应理解为已经获得授权方的合法授权和全面认可。

8.2　合同的变更

除本合同另有约定外,自本合同签署之日起,任何一方均无权自行变更、转让或解除本合同,本合同的任何变更或转让均应在甲乙双方就该等事宜协商一致后以书面形式作出。

合同双方可以就本合同未尽事宜进行协商并签署书面补充合同,补充合同构成本合同的一部分,补充合同与本合同不一致的,应以补充合同的规定为准。

9. 违约事件

9.1　甲方的违约事件

甲方因主观过错违反任何本合同中做出的任何陈述、声明与保证,经乙方催告后无合理理由拒不改正的,视为甲方违约。

9.2　乙方的违约事件

乙方因主观过错发生如下事件之一或数种者,经甲方催告后无合理理由拒不改正的,视为乙方违约:

9.2.1　无论何种原因,乙方未能按照本合同规定及时和全额支付转让对价;

9.2.2　乙方违反任何其于本合同中所作的任何陈述、声明和保证的;

9.2.3　无论何种原因,乙方未按本合同规定结算或承担相关债权处置费用或其他费用的;

9.2.4　无论何种原因,乙方未按中国法律或本合同规定采取合法手段进行债权处置,对中国政府及相关机构、原债权人包括但不限于中国东方资产管理公司、甲方或其关联方、贷款银行以及其他权利人的合法权益造成损害的;

9.2.5　无论何种原因,乙方存在违反6.2.5、6.2.6和6.2.7条款规定情形之一的;

9.2.6　乙方存在其他任何类似的实质性影响乙方及时和全面履行本合同项下义务的行为或事件的。

10. 违约赔偿和合同解除

10.1　若甲方发生本合同9.1.1条款约定的违约事件的,乙方有权要求甲方继续履行本合同,并完善相关手续。

10.2　若乙方违反本合同9.2条款任一或数款规定的，甲方有权自行选择或同时适用如下条款：

10.2.1　要求乙方支付违约金，计算标准是自本合同签署次日起按照债权包转让对价总额每日万分之二点一计算。

10.2.2　立即停止办理本合同第4条所列的全部或部分交割手续和相关协助配合工作。

10.2.3　要求乙方赔偿甲方因此所受到的直接和间接经济损失，该等损失包括但不限于甲方实际经济损失及预期的经济利益、律师等中介机构费用、诉讼费用、仲裁费用、调查取证费用、交通费用等。

10.2.4　单方宣布撤销或解除本合同，同时收回债权包文件和没收乙方已经支付的保密保证金、履约保证金和转让对价。

10.3　本合同被撤销或解除后，乙方应当无条件将债权包文件原件3日内全部退还甲方，并协助办理与债权有关的各种债权人身份变更、诉讼权利人身份变更、权利抵押或质押登记/变更/注销等工作，恢复债权包转让前的原状，该等工作应当最迟于甲方宣布单方解除本合同之日起60日内完成。如乙方拒不办理或者逾期未能完成上述工作的，乙方应当自上述期限届满之日起，向甲方支付转让对价总额每日万分之二点一的违约金直至乙方完成上述工作为止。如乙方交还的债权包文件原件发生损坏、丢失而影响甲方债权实现的，乙方应向甲方承担相应的赔偿责任。

11. 联络和通讯

11.1　联络方式

任何一方向对方发出的通知和文件，应按照本合同记载的对方地址，用特快专递、挂号信或专人送达方式发出。如果是信函，在信件投递后第3日视为通知已到达对方；如果是派人专程送达，则在对方法定代表人或委托代理人签收之日视为通知已到达对方；如果同时使用几种通知方式的，以其中较快到达接收方者为准。

11.2　方式变更

联络方法发生变更的，变更方应及时书面通知另一方。在另一方收到有关通知之前，另一方根据变更前的地址所做出的联络和通讯应视为有效。

12. 法律适用及争议解决

12.1　法律适用

本合同的成立、效力、解释、履行和审理程序均适用中华人民共和国法律（香港、澳门特别行政区和台湾地区法律除外）。

12.2　争议解决

凡因解释或执行本合同所发生的或与本合同有关的一切争议，合同双方先通过友好协商解决；如协商不成，则向北京仲裁委员会申请仲裁，按照该会仲裁规则进行仲裁。仲裁裁决是终局的，对双方均有约束力。

13. 合同生效

本合同自甲乙双方签署之日起生效。

14. 合同和条款效力

14.1　除本合同另有规定外，本合同生效后将取代一切签订前合同双方就本次债权转让所出具的包括但不限于备忘、声明、承诺、通知、公告、须知或其他一切文件资料。

14.2　本合同各个条款之间效力独立，如遇国家法律法规、政府指令或司法实践的任何变化，导致本合同的任何条款成为非法、无效或者失去强制执行性的，本合同其他任何条款的合法性、有效性和强制性不受影响。

15. 合同文本和份数

15.1　本合同以中文打印和书写。

打印内容与手写内容不一致的,以打印内容为准。合同各页均须加盖“顺威公司版权所有”的骑缝章方为有效文本。

15.2　本合同由甲乙双方授权代表签署并加盖各自公章。

15.3　合同正本一式四份,甲乙双方各持两份。各份均具同等法律效力。

(以下无正文)

甲方:________________
(盖章)
法定代表人或授权代表:
签名或盖章:

乙方:________________
(盖章)
法定代表人或授权代表:
签名或盖章:

本合同由甲乙双方于本合同正文首页载明的时间于________签订

附件一:债权包明细表

单位:元/港元/美元

序号	借款人	担保人	币种	本金余额

附件二:债权包处置代理人情况明细表

代理合同编号	代理债权项目名称	处置代理人名称	代理合同主要内容

六、债务重组之大浪淘沙

人物:陈律师、高律师

案情:面对负债累累的债务人,律师如何帮助客户吹沙拾金,挖掘有用的财产线索,实现债权呢?债务重组无疑是一条安全、快捷的途径,但同时也充满了各种法律障碍和风险……

2006 年,夏,某不良资产管理公司某海滨城市办事处会议室。

就在前天,我接到了我们所的客户——某不良资产管理公司某海滨城市办事处(下称“资产公司”)的邀请,前往当地商谈关于一件关于 B 公司债务重组的项目。

我和另外一位律师飞赴当地,此刻,我正坐在资产公司的会议室内与办事处的负责人和经办人员开会。

从会议室望出去,能够看到远处的大海,海浪在阳光的照耀下泛起阵阵金光,漫上雪白的银滩后缓缓退却,留下大片白色的泡沫。大浪淘沙——我脑海中跳出来的这个词,恰好很适合下文借款人 B 公司的情形:

借款人 B 公司,当年是这个城市里的明星公司,向多家银行申请了大量贷款,投资项目遍地开花,风光无限。但是,后来由于市场变化再加之管理不善,B公司一夜之间资金崩盘,最终倒闭。债主闻讯之后,蜂拥而至,逼债和搜刮B公司的财产。

作为B公司的最大债权人某银行,他们将对B公司的贷款作为不良资产剥离给了资产公司。等到资产公司接手完毕,B公司只剩下一些零星财产了,情况相当紧急,如果再不及时回收,连这些家底都会被其他债权人哄抢一空。

资产公司与B公司进行了紧急磋商,双方初步同意,以评估后的B公司财产抵偿债务,即"以物抵债",剩余部分则由资产公司对其宣布豁免。通过这种互相让步的方式,实现债权人和债务人"双赢"的局面。

办事处主任向我们介绍了情况,并询问我们对这种交易方式的相关法律分析和判断。

● 吹沙拾金

以物抵债,方案听起来很简单,无非就是在沙子当中淘金,但具体到本案,仔细一分析,还存在很多不明确的因素。我在听取了相关情况介绍和阅读了文件之后,提出了如下的意见。

第一,债务重组方式是否合法?

中国法律明文允许,在不违反中国法律强制性规定情况下,债权人有权自由处分自己的债权。这原本是个不言而喻的问题,为什么客户要重点提出呢?

在谈话过程中,我听出了客户的弦外之音,其实是担心对方使用房屋和股权等实物资产抵偿债务,可能存在一系列的法律障碍。因此,我在其后的分析和法律文书写作当中,为客户重点分析了这方面的问题,并且提出了相关的解决方案。

第二,资产公司持有的B公司债权是否合法和有效?

之所以要考究这一问题,主要是因为资产公司对B公司的债权来自于当年直接贷款给B公司的银行,中间又经过多次转让,需要审查相应的转让合同和转让证明文件,确保债权来源合法;另外,要防止贷款本金或利息计算错误。贷款债权在多年的追收当中,是否有归还过本金或部分利息。关于利息计算,由于各家贷款银行对于利息、孳息、复息、罚息、接收利息等概念均有不同。因此,我们在起草合同之前,必须仔细核对证明债权流转过程的文件和本息计算方法。

第三,B 公司是否有权对外签署债务重组协议?

在新《公司法》颁布前,有公司公章或法定代表人签名即可以代表公司对外作出承诺和签订合同,但新《公司法》颠覆了这一观念,规定某些重要经济活动必须符合公司章程规定。此外,我国关于国有资产管理法律制度也有相关规定,凡涉及国有资产处置的,应该征得国有资产管理部门的批准。B 公司属于国有企业,应当履行相应的批准程序。

因此,我向客户建议,为了证实 B 公司的意思表示真实合法,应当首先调取 B 公司的章程和营业执照,以确定 B 公司对外签约的权限。最好要求其出具国有资产管理部门的批准文件和公司董事会或股东会决议。

第四,债务重组的对价如何确定?

本案中,债务重组对价由两部分组成,一是债务人 B 公司已经抵押给资产公司的房屋,二是第三人对第四人的部分股权。资产公司同意在收妥上述对价后,宣布豁免 B 公司的债务。这种方式本身是合法的,但由于双方的对价种类不一致,不能直接抵消,需要转换,当中存在法律风险。

关于房产部分,需要留意和回避"流押"条款。尽管我国《担保法》规定的是债权到期前"禁止流押",即不能事先约定,将来一旦借款人无力还款时可以直接将抵押房产抵偿欠款。但是,在法律实务当中,即使在债权到期后约定直接抵债,也可能触发法院对于该等条款是否合法的审查。所以,我们建议客户,比较保险的方法是约定"以变卖款抵债",即通过公开拍卖的方式处置房产,抵押权人以所得拍卖款抵债。

关于股权部分,需要考察第三人是否有权作出"以股抵债"的决定。第三人 R 公司提供其持有的 S 公司股权代债务人 B 公司还款,是否会违反 R 公司自身的章程和相关文件规定,S 公司其他股东是否同意这一约定,这些都需要取得确定的答案。

因此,我们建议在《债务重组协议》之外,还需要取得第三人 R 公司以及 S 公司的股东会或董事会决议,以确认相关事实。此外,还需要到 S 公司的原批准机关和工商登记机关调查核实,确认 R 公司是否合法持有 S 公司股权并且该等股权没有被质押或查封。

依据上述分析,本案当中的抵押房产的变现和款项清偿操作程序,一定要按照“无缝连接”的原则来设计,才能防范风险。因为根据正常程序,房产需要撤销限制权利后才能变卖,因此需要先解除抵押才能办理过户手续,但抵押房产一旦先解封,这中间就存在抵押人转移房产或者其他债权人查封抵押房产等法律风险,所以必须在合同内容设计上要做到,在解除抵押的同时能够完成抵押房产的变卖和收款过程。

• 方案地图

经过一轮沙盘演练之后,与会者对原本一盘散沙的债务重组有了清晰的认识,对于当中的法律障碍和解决方案了然于胸,会议到此结束。

回所之后,跟随我办案的陈律师,依据我的思路起草了相关的法律文件。本文因篇幅关系,仅列出《法律意见书》和《债务重组协议》,其他文件略去。

在一个案件启动之前,我们都需要制作法律意见书。法律意见书是一个完整法律解决方案的书面陈述,好比一个作战方案的地图。所以,法律意见书的制作一方面必须做到全面、严谨和完整,没有任何遗漏;另一方面又必须通俗易懂,方便客户按图索骤,依计行事。

我审查了陈律师发给我的《法律意见书》初稿,发现存在着太多的问题,于是干脆将其作了一番颠覆性修订,完成定稿(见附文 6.2)。以下就是存在的问题和我的修订思路:

第一,关于客户目标。

律师工作起点应该找准客户目标,而非自说自话。初稿显然没有注意这一点,开篇就写法律事实概要,容易让客户找不着北。

我在定稿当中增加了第一条:“一、贵公司咨询的问题”,并且所列的六个问题就是以下意见书需要回答的六个问题。如此前后呼应,才能做到有的放矢。

第二,关于法律关系。

法律意见书的陈述基础是找准法律关系。但是,初稿在这方面存在严重疏漏。

例如主体方面,虽然注意到 B 公司存在有从国有企业改制成有限责任公司的事实,但没有审查这一改制过程是否已经完成,这是非常致命的。因为假设 B 公司还属于国有企业,B 公司的债务重组行为就可能需要征得上级主管部门的批准。如果忽略了这一批准程序,整份合同就可能归于无效。

又例如客体方面,初稿错误使用了抵押合同作为审查抵押行为有效性的依据,忽略了应当审查是否已经办理了抵押登记;对于另外一个客体——投资权益,遗漏了审查S公司的合作合同和章程,结果造成了表述错误。因为S公司属于中外合作企业,各方持有的只是中外合作企业的合作条件,而不是初稿当中表述的股权;还有,对于S公司持有的T大厦投资权益,初稿则完全没有审查。

第三,关于文书体系。

初稿的结构体系比较简陋,而且没有头尾。因此定稿作了较大改动,具体请自行参见两份定稿。

第四,关于文字表述。

初稿在表述方式方面存在很多问题,如初稿当中第一点第(二)项有如下表述:

> 3. B公司愿意将其所有的一处房产(已抵押给贵公司,抵押借款合同编号为960135号)进行公开拍卖,所得款项抵偿本项目下相应的债务。

这句话充满矛盾和漏洞,"一处房产"在前面没有定义,表述不够严谨;抵押权利以抵押借款合同为准而得出"已抵押给贵公司"的结论属于对担保法的运用错误;"愿意将……一处房产……进行公开拍卖……款项抵偿……债务"这不属于事实概要,应当属于债务重组方案的内容,所以在定稿当中将这一说法删除。

又如,关于"文件"的写法,初稿有"法律文件"、"相关文件"、"系列文件"、"法律证明文件"等多种,叙述显得很混乱,定稿统一采用两种:凡是证明事实的统称"法律文件"、凡是第三方批准债务重组方案所需要出具的文件统称"批准文件"。

此外,我还将《债务重组协议》(初稿)作了大幅删改,最终形成定稿(见附文6.4),主要的修订思路如下:

第一,关于法律关系。

初稿当中关于法律关系的描述,可谓漏洞百出,如债权的利息陈述没有定义;抵押房产是否合法审查方法有误;与本协议合法性和有效性密切相关的文件遗漏说明,如股权转让合同、董事会决议、股东会决议等。

以下试举一例。初稿当中对于减免债务有如下表述:

> 乙、丙方双方同意为向甲方申请减免乙方债务,丙方将其持有××市S公司5%的股权无偿转让给甲方及乙方将拍卖其拥有房产(已抵押给甲方,抵押借款合同编号为960135号,位于××市××路××号厂房第三、七层,以下简称“抵债房产”)的所得款以抵偿所欠甲方的相应金额债务。

这段描述有三个错误:首先,由于S公司是中外合作企业而非中外合资企业,因此S公司没有股权,只有合作条件,即乙方持有的是合作条件——即T大厦的投资权益;其次,“无偿转让”这个提法容易引起歧义,转让一般而言应当有对价;最后,前面写的是“向甲方申请减免债务”,后面写的是“抵偿所欠甲方的相应金额债务”,这个债务到底是部分还是全部,很容易引起歧义。

针对上述错误,定稿的表述改为:

> 乙方和丙方愿意联合向甲方提供本协议所称之抵押房产拍卖款以及本协议所称之投资权益,作为申请甲方豁免本协议所称乙方债务的对价。甲方在本协议规定得到全面履行的前提下接受上述对价。

第二,关于文书结构。

初稿在条款的排列方法上,犯了常识性的错误,将违约条款错误分散到协议的各个条款当中,既不利于阅读,也不利于分析写法有无疏漏。定稿纠正了这一错误,将相关违约条款集中到第七、八条当中。

第三,关于文字表述。

初稿的第二条第3款,对于债务重组方案未能成功的后果有如下表述:

> 3. 如上述股权过户手续因无法获得审批机构批准或因非甲方原因而导致上述股权最终不能过户给甲方或经甲方同意转让的第三方,甲方对乙方的上述债权自动恢复,甲方有权对乙方继续行

使债权人的权利。

这种陈述方式欠妥，既然有“恢复”，自然有取消，这和甲方本意是矛盾的，因为甲方的本意是一直维持对乙方的债权不变，直至对方全部完成债务重组方案的各项要求后，才宣布豁免乙方债务。因此定稿将甲方宣布债务豁免单列第三条，条文如下：

第三条　甲方豁免乙方债务

甲方同意仅在下列所有条件已经全部达到和持续有效的前提下，对第一条所述的乙方债务宣布予以豁免并出具债务清结证明：

1. 甲方已经完全收齐抵押房产拍卖款；

2. 投资权益已经办妥登记手续至甲方名下或甲方已经将其再次转让给第三人并收妥款项；

3. 确保本协议合法和有效执行的各项证明文件和批准文件已经合法签署并经政府审批部门批准和完成登记手续；

4. 乙方和丙方已经按时、全面并持续有效地履行或实现本协议各项规定以及声明和保证。

• 律师本色

定稿最终获得了客户首肯，这个案件圆满结束。

我在掩上这个案件的卷宗之后，忍不住把陈律师叫到我房间里，严肃批评了一番，并指出他在办理这个案件当中存在的种种失误：

首先，未能深刻领会客户意图和目标，将“以物抵债”方式错误表述成只抵偿部分债务。而且没有在法律意见书当中列出客户目标，反映出写作态度和写作能力都有欠缺。

其次，在审查法律事实和证据方面有多处遗漏，例如：遗漏审查S公司的企业性质，结果忽略了中外合作企业没有股权只有合作条件这一重要法律事实；遗漏审查抵押房产权证，结果遗漏了抵押权证仍然登记在原债权人名下这一重要事实。这类错误与能力无关，与经验有一定关系，但最重要的是心不够细，对于相关事实和疑点，没有仔细查证。

还有，对于法律风险的控制力度不够。例如合同当中，居然没有专门的甲方风险控制条款,在违约责任认定上,没有充分利用优势地位来制定条款内容;尽管这也属于经验不足,但事务所已经提供了大量的卷宗和模板,可供参考,为何还是如此多的低级错误?只能说明个人的自学能力不足。

由于羞愧难当,这位律师在不久之后就辞职了,据说不久之后,便离开了律师业,另寻他处。

我对此虽然感觉有点难过,毕竟他的离开与我的责备有一定关系,但社会真相就是如此:大浪淘沙沙去尽,沙尽之时见真金。今日不努力进步,明天就必然难逃被淘汰的命运。不仅是他,你我皆如是。

附文:

6.1 《法律意见书》(初稿)

敬启者:

××律师事务所受贵公司委托,就贵公司拟接受香港R公司(下称“R公司”)以其持有××市S公司(下称“S公司”)5%的股权以及××市B公司(下称“B公司”)的一处抵押房产,为贵公司债务人B公司抵偿债务的相关法律事宜,出具法律意见书。

(前言的其余部分与定稿相同,为节省篇幅,此略)

一、事实概要

根据贵公司相关人员介绍的情况及提供的文件,敝所获悉本项目的主要法律事实如下:

(一)关于B公司债权

贵公司持有B公司债权项目(下称“项目”或“本项目”)的债权,有××银行与B公司签订的系列《借款协议》、××资产管理公司(下称“××资产公司”)与××银行签订的系列《债权转让协议》以及贵公司与××资产公司签订的《转让证明》为证。

（二）关于S公司股权和B公司抵押房产

1. R公司注册地在香港特别行政区，属于香港企业。R公司合法持有S公司30%的股权（下称“S公司股权”），S公司为注册地在××的外商投资企业，是T大厦的项目公司和合法持有者；

2. R公司愿意以其持有S公司5%的股权，为B公司抵偿本项目下相应的债务；

3. B公司愿意将其所有的一处房产（已抵押给贵公司，抵押借款合同编号为960135号）进行公开拍卖，所得款项抵偿本项目下相应的债务；

4. 贵公司拟接受上述处置方案。

二、法律分析

结合本案法律事实、贵公司陈述内容以及相关法律依据，敝所对贵公司本项目处置方案的可行性所涉及的法律要点总结如下：

（一）本项目能够实施的三个前提条件

1. 贵公司持有的本项目债权是否合法和完整？

贵公司持有本项目债权是否合法，依赖于本项目债权形成和转让过程的所有法律文件，包括但不限于借款协议、催收凭证、还款凭证、诉讼文件和转让文件等。

2. R公司持有的S公司股权是否合法和完整？

R公司持有的S公司股权是否合法和完整，依赖于审核S公司的外商投资企业批准文件、合同、章程、董事会决议和其他相关文件，建议贵公司尽快收集完整相关文件，并到S公司的原批准机关和工商登记机关调查核实，确认R公司合法持有S公司股权并且该股权没有被质押或查封。

3. S公司持有的T大厦投资权益是否合法和完整？

S公司持有的T大厦投资权益是否合法和完整，依赖于T大厦的投资合同、规划许可证、施工许可证、土地证、房产证等系列文件，建议贵公司尽快收集完整相关文件，并向相关政府部门查实该文件的合法性和完整性。

（二）本项目办理过程中需要注意的法律要点

1. 交易三方应当签署和出具的文件

贵公司、B公司以及R公司三方应当签署《债务重组协议》。为确保交易三方均同意该等方式，因此三方需要在协议当中应当明确约定此次交易的具体程序、抵债的金额、抵债物的过户程序和风险保证等。同时应当注意，鉴于R公司为香港公司，根据中国司法实践，R公司的签约代表应当出具经中国司法部认可的委托公证人签署并经司法部中国法律服务(香港)有限公司审核并加章转递的董事会授权文件以及关于该处置方案的董事会决议；B公司已从国有企业改制为私营企业，应当出具关于批准该处置方案的股东会决议。

2. S公司董事会和其他股东应当签署和出具的文件

(1)S公司董事会作出的股权转让批准性决议。鉴于S公司为外商投资企业，S公司董事会应当依据S公司章程权限对上述《股权转让合同》作出批准性决议。

(2)S公司其他股东出具的放弃优先认购权的文件。根据中外合资企业法规定，一方股东出售股权的，其他方股东在同等条件下有优先认购权。如果其他方股东放弃优先认购权的，其他人有权购买该股权。

3. R公司债权人应当签署或出具的同意文件

假设R公司持有的S公司股权被质押或查封，则R公司以股权抵债的行为需要征得相关债权人的同意。

4. 办理政府批准和过户手续

根据我国《公司法》的相关规定，股东身份自登记完成之日起正式确立，未办理变更登记的，股权购买人不得以股东身份对抗第三人，即贵公司只有在政府批准和工商登记程序完成之后，才能合法、完整地取得S公司股权。因此，贵公司应督促S公司准备其他相应申请文件材料并及时向原审批机关提交股权变更申请。

综合上述分析，敝所认为：

1. 本项目处置方案符合法律法规的规定，具备可操作性；

2. 在本项目处置方案过程中，请贵公司注意本方案所述的前提条件和法律要点，注意合法操作，尤其是要注意及时办理政府批准文件和过户手续，才能确保本项目的合法完成。

以上意见仅供贵公司参考，不做其他用途。

(尾部略)

6.2 《法律意见书》(定稿)

敬启者:

××律师事务所受贵公司委托,就贵公司持有的B公司债权项目(下称"B公司债权"),对贵公司拟接受第三人××有限公司(下称"R公司")以其持有××市S公司(下称"S公司")5%的股权以及债务人××市B公司(下称"B公司")所有的两处抵押房产(下称"抵押房产")抵偿B公司拖欠贵公司贷款债务即本项目债权的相关法律事宜(下称"债务重组方案"),出具法律意见书。

敝所听取了贵公司相关人员的情况介绍及阅读了贵公司提供的相关文件,在假设贵公司对相关情况的介绍没有重大遗漏、相关文件复印件与原件相符的前提下,依据《中华人民共和国民法通则》、《中华人民共和国担保法》、《中华人民共和国公司法》、《中华人民共和国中外合作经营企业法》、《中华人民共和国民事诉讼法》等现行法律法规,根据敝所对中国法律规定的理解,同时结合敝所以往对于该类项目的专业服务经验,出具本法律意见书,以供贵公司参考。

尽管敝所律师已尽力对所掌握的事实和文件进行专业分析并作出结论,但鉴于各个法律从业者对特定事实的认定和对法律的理解不可避免地存在差异,且法律理论与实践也不可避免地存在差异,本法律意见书所认定的事实以及得出的法律结论仅为本律师作出的客观陈述及独立法律判断,不构成对相关法律事实、法律关系、法律效力或其他法律属性的最终确认、保证或承诺。

一、贵公司咨询的问题

1. 贵公司是否已经完全持有B公司债权?
2. 贵公司是否完全持有抵押房产?
3. R公司是否通过S公司合法持有T大厦投资权益?
4. 本次债务重组方案需要签署什么法律文件?
5. 本次债务重组工作需要注意什么法律风险?

二、法律事实概要、存在问题和改进建议

根据贵公司相关人员介绍的情况及提供的文件，敝所获悉本项目的主要法律事实如下：

(一)关于贵公司持有的B公司债权

1. 法律事实概要

根据贵公司提供的文件，贵公司持有B公司债权项目共六笔，本金余额人民币×××万元，相关的法律文件见附件。

2. 存在问题和建议

前述文件只能证明××资产管理公司(下称“××资产公司”)从贷款银行合法受让B公司债权，尚缺上述债权由××资产公司转让给贵公司的合同和其他法律文件。

(二)关于B公司的改制问题

1. 法律事实概要

根据B公司的企业法人营业执照显示，B公司现为有限责任公司。而B公司在本项目下的债务主要产生于其为全民所有制企业的状态下即改制之前，因此，B公司是否完成改制以及改制程序是否合法，将导致债权实际或名义承担者有所变化，并直接影响债务重组方案的法律效力。

2. 存在问题和建议

建议贵公司继续收集B公司主管部门批准其改制的批文以及B公司

改制申请工商变更登记的章程、验资报告等法律文件，对B公司的改制情况作进一步查证。

(三)关于抵债物之一的T大厦投资权益

1. 法律事实概要

根据贵公司的介绍和提供的文件，S公司、S公司股东以及T大厦投资权益情况如下：

(1)S公司，注册地在××的中外合作企业，是T大厦的项目公司和合法持有者；

(2)S公司现有股东为S公司和××置业公司，分别持有30%和70%股权股东的情况；

(3)S公司股东之一的R公司，在香港特别行政区注册，属于香港企业，合法持有S公司30%的股权(下称"S公司股权")。

关于上述事实，贵公司提供的法律文件有：

—— S公司股东之一的××置业公司的营业执照；

—— 经香港公证的R公司董事同意设立S公司的证明以及《公司注册证书》、董事会决议；

—— ××市外经委的《关于合作经营××市S公司合同、章程的批复》；

—— ××市人民政府的S公司《批准证书》(改组前后各一份)；

—— S公司设立时的《合作经营××市S公司合同》及章程，S公司关于改组的《董事会决议》；

—— ××外经委的《关于合作经营××市S公司修改合同、修改章程的批复》。

2. 存在问题和建议

鉴于目前仍缺少S公司最新的营业执照和工商登记情况等相关的法律文件，包括但不限于股东足额缴纳资本金情况、出资比例、股权权属状况资料等，以便对S公司的现状作更准确的判断。

T大厦投资权益是否合法和完整，依赖于T大厦的投资合同、规划许可证、施工许可证、土地证、房产证等系列文件，但截止本法律意见书签署之日，敝所律师尚未看到证明上述权益的法律文件。

据贵公司介绍，贵公司之所以愿意取得S公司股权，是考虑到S公司持有的T大厦投资权益，但前述权益是否合法和完整，依赖于T大厦的投资合同、规划许可证、施工许可证、土地证、房产证等相关的法律文件，建议贵公司尽快收集相关的法律文件，并向相关政府部门查实该文件的合法性和完整性。

(四)关于抵债物之二的抵押房产

1. 法律事实概要

根据贵公司提供的法律文件，两处抵押房产分别位于××市××路××号厂房第三层和第七层，房产证和抵押权证见附件。

关于上述事实，贵公司提供的法律文件有：

—— 《房地产权证(粤房字第××674号)》；

—— 《房地产权证(粤房字第××667号)》)；

—— 《房地产他项权证(粤房地他证字第××809号)》；

—— 《抵押借款合同》(贷方：××银行，借款最高限额人民币×××万元)；

—— 《债权转让协议(××号)》。

2. 存在问题和建议

鉴于上述抵押房产的他项权证尚未变更至贵公司名下，故贵公司处置上述两处抵押房产需要征得原抵押权人××银行的同意。

三、法律分析

结合本案法律事实、贵公司陈述内容以及相关法律依据，敝所对本次债务重组方案分析如下：

(一)贵公司是否已经完全持有B公司债权?

贵公司持有B公司债权是否合法充分,依赖于本项目债权形成和转让过程的所有法律文件,包括但不限于借款合同、催收凭证、还款凭证、诉讼文件和转让文件等,依据贵公司目前已提供给敝所的法律文件,尚无法完全作出上述结论,需要进一步收集完整相关的法律文件。

(二)贵公司是否完全持有抵押房产的抵押权益?

根据担保法的规定,以厂房等建筑物抵押的,抵押合同自抵押物登记之日起生效,依据目前贵公司提供的法律文件,尚无法确认贵公司对上述两处抵押房产享有担保权。因此,建议贵公司与抵押房产的原抵押权人进行协商,尽早完成抵押房产他项权证变更至贵公司名下的变更登记手续。

(三)R公司是否通过S公司合法持有T大厦投资权益?

R公司持有的S公司股权是否合法和完整,依赖于审核S公司的外商投资企业批准文件、合营合同、章程、董事会决议和其他相关的法律文件,建议贵公司尽快收集完整相关的法律文件,并到S公司的原批准机关和工商登记机关调查核实,确认R公司合法持有S公司股权并且该股权没有被质押或查封。

而R公司是否通过S公司持有的T大厦投资权益,除了上述文件外,还依赖于T大厦的投资合同、规划许可证、施工许可证、土地证、房产证等相关的法律文件,建议贵公司尽快收集相关的法律文件,并向相关政府部门查实该文件的合法性和完整性。

(四)本次债务重组方案需要签署什么法律文件?

1. 贵公司、R公司以及B公司三方签署的法律文件和出具相应的批准文件

贵公司、R公司以及B公司三方签署的《债务重组协议》,协议当中应

当明确约定此次交易的具体程序、抵债的金额、抵债物的过户程序和风险保证等。

为确保前述协议的有效性,R公司应当出具相应的批准文件。鉴于R公司为香港公司,根据中国司法实践,R公司的签约代表应当出具经中国司法部认可的委托公证人签署并经司法部中国(香港)法律服务有限公司审核并加章转递的董事会授权文件以及关于R公司董事会出具的批准《债务重组协议》的董事会决议。

此外,B公司也应当出具相应的批准文件。如经核实B公司确已完成改制并已作相应的工商变更登记,B公司应当出具关于《债务重组协议》的股东会决议。

2. 贵公司与R公司签署的文件和出具相应的批准文件

为执行上述第1点的《债务重组协议》,贵公司与R公司应当签署单独的《股权转让合同》,约定R公司将持有的S公司股权按照《债务重组协议》约定转让给贵公司。R公司应当按照上述第1点的相同要求出具相应的批准文件。

3. S公司董事会和其他股东应当签署或出具的文件

为确保上述第1点的《债务重组协议》和第2点的《股权转让合同》有效执行,S公司董事会和其他股东应当签署或出具下列文件:

(1)S公司董事会作出的批准股权转让的董事会决议,鉴于S公司为外商投资企业,该等决议应当符合S公司合作合同和章程的相关规定。

(2)S公司其他股东出具的放弃股权优先购买权的文件。根据中外合作经营企业法规定,一方股东出售股权的,其他方股东在同等条件下有优先认购权。如果其他方股东放弃优先认购权的,其他人有权购买该股权。

4. R公司债权人应当签署或出具的文件

假设R公司持有的S公司股权被质押给他人或被查封,则R公司以股权抵债的行为需要征得相关债权人的同意。

(五)本次债务重组工作需要注意什么法律风险?

1. 关于B公司改制问题,这个问题可能会影响到B公司是否有权对外作出债务重组的承诺,贵公司应当事先查实B公司是否已经改制完成,并要求B公司、上级主管部门或股东对《债务重组协议》作出保证和承诺。

2. 关于抵押房产的抵押权人变更问题,鉴于抵押房产目前仍然登记在原债权人××银行名下,贵公司应督促原债权人与B公司尽早办理抵押权证变更登记手续,以便贵公司行使抵押权。

3. 关于T大厦的投资权益落实问题,鉴于这是债务重组方案有经济价值的关键,但目前缺少相关的法律文件足以佐证,建议贵公司及早落实。

4. 关于S公司股权是否应当及时办理股东变更登记的问题,根据中国公司法规定,股东身份自登记完成之日起正式确立,未办理变更登记的,股权购买人不得以股东身份对抗第三人,即贵公司只有在办理完成政府批准和工商登记完成之后才能合法、完整地取得S公司股权。因此,贵公司应督促S公司准备其他相应申请文件材料并及时向原审批机关提交股权变更申请。

四、结论

敝所认为:

1. 本次债务重组方案符合法律法规的规定,可以按照相关法律规定进行;

2. 鉴于本次债务重组方案牵涉主体较多,权益多样,请贵公司注意本意见书提及的各种法律问题和风险,尤其是要注意及时办理政府批准和变更登记手续,才能确保本次债务重组方案的合法性。

上述意见仅供贵公司参考,不作其他用途。

(尾部略)

6.3 《债务重组协议》(初稿)

(首部略)

鉴于:

甲方合法拥有本协议项下的债权(见附件一),债务人为乙方。

乙、丙方双方同意为向甲方申请减免乙方债务,丙方将其持有××市S公司5%的股权无偿转让给甲方及乙方将拍卖其拥有房产(已抵押给甲方,抵押借款合同编号为960135号,位于××市××路××号厂房第三、七层,以下简称"抵债房产")的所得款以抵偿所欠甲方的相应金额债务。

甲乙双方经友好协商,双方达成协议如下:

第一条　债权债务

协议三方一致确认,甲方对乙方拥有本协议所列的合法债权。按美元与人民币1 ：8.278的汇率计算,截至2004年12月20日,乙方尚欠甲方本金为人民币×××元,表内利息为人民币×××元,表外利息为人民币×××元,孳生利息为人民币×××元,合计人民币×××元。

甲方对乙方的上述债权是来源于乙方与××银行签订的501号、135号、134号、075号、306号及307号借款协议,××资产管理公司与××银行分别于××××年××月××日、××××年××月××日签订的××字人民币第308号、第309号、第310号、第046号、第047号、第070048号债权转让协议及甲方与××资产公司于××××年××月××日签订的转让证明。

第二条　债务重组方案

1. 就上述第一条所述之债权债务,甲方同意由丙方以其持有S公司5%的股权(以下简称"抵债股权")及乙方拍卖其拥有的房产(已抵押给甲方,抵押借款合同编号为960135号,位于××市××路××号厂房第三、七层,以下简称"抵债房产")所得款,用以抵偿所欠甲方的相应金额债务。

2. 当上述股权过户给甲方或经甲方同意转让的第三方及甲方收到拍卖抵债房产的所得款后,甲方同意对乙方的剩余债务予以豁免并出具债务清结、抵押关系解除的书面通知。

3. 如上述股权过户手续因无法获得审批机构批准或因非甲方原因而导致上述股权最终不能过户给甲方或经甲方同意转让的第三方，甲方对乙方的上述债权自动恢复，甲方有权对乙方继续行使债权人的权利。在前述情况下，如抵债房产拍卖成功，拍卖所得款冲抵的乙方债务不再恢复。

4. 如在上述股权成功过户给经甲方同意转让的第三方的情况下，抵债房产拍卖不成功或未能折价转让给第三方，甲方有权根据实际情况单方决定是否恢复甲方对乙方的上述债权。

第三条　股权转让

1. 乙方保证对上述第二条所称抵债股权享有完全的所有权，并无设置抵押或者其他第三人权利。

2. 乙、丙双方应于本协议签订后20天内向甲方提交已签署完整的所有股权转让手续必要的文件资料，包括但不限于同意本次债务重组相关事宜的丙方董事会决议、同意本次股权转让以及其他股东放弃股权转让优先认购权等相关事宜的××市S公司董事会决议、股权转让协议。

第四条　拍卖抵债房产

1. 乙方应于本协议签订后5日内开始抵债房产的拍卖工作，由甲方提供必要的协助。拍卖抵债房产的所得款扣除相关费用后全部用于抵偿乙方欠甲方的相应金额债务。

2. 拍卖成功后，由乙方直接与第三方办理过户手续，甲方给予必要的协助。

第五条　声明与保证

1. 乙、丙双方具备所有必要的权利和授权并能以其自身名义进行本协议项下的行为或参与诉讼。

2. 乙方保证对本抵债物享有完全的所有权，并保证抵债房产不会有其他第三人对本抵债物的所有权提出任何异议。

3. 在协议履行期内，乙、丙双方均有义务按甲方的要求随时提供包括但不限于乙方经营状况、财务状况的报告、报表、本协议履行情况等文件和资料，并对其真实性、准确性和有效性负责。

4. 在协议履行期内，乙方或丙方向第三人提供保证或以自身财产设置抵押、质押担保须经甲方书面同意，并保证不以其他可能危及到其自身偿债能力的方式处置其自有资产。

5. 在协议履行期内，乙方及丙方应保证不以任何方式减少注册资本；乙方、丙方进行重大产权变动和经营方式的调整（包括但不限于与外商、港澳台商签订合资、合作协议；撤销、关闭、停产、转产；分立、合并、兼并、被兼并；重组、组建或改建为股份制公司；以房屋、机器设备等固定资产或商标、专利、专有技术、土地使用权等无形资产入股或投资于股份公司或投资公司，以租赁、承包、联营、托管等方式进行产权、经营权交易）需事先征得甲方书面同意。

6. 在协议履行期内，乙方及丙方在本协议签订时应向甲方披露如下事件，并保证在本协议履行过程中发生下列事件时将及时以书面形式通知甲方：

(1) 乙方发生隶属关系的变更、高级管理人员的变动、公司章程的修改以及内部组织机构的调整；

(2) 乙方经营出现严重困难和财务状况发生恶化；

(3) 乙方发生重大债权债务纠纷引起诉讼、仲裁等事件；

(4) 其他可能影响乙方履行本协议义务的重大事项。

7. 乙方保证对本抵债物享有完全的合法所有权，抵债房产除存在上述出租、出借情形外不存在向第三人抵押、保全等权利瑕疵。

8. 甲乙双方签署本协议是自愿的，是自身真实意思表示，是建立在充分知晓和理解本协议的基础之上的。并经过所有必需的合法授权。

第六条　协议的变更和转让

甲乙丙三方任何一方需要变更本协议的任何条款，均应及时书面通知另外两方，并经三方协商一致同意。

第七条　违约与责任条款

1. 乙方在本协议项下的违约行为包括但不限于：

(1)乙方未按本协议约定支付现金、交付抵债房产、办理抵债房产变更登记手续；

(2)乙方违反本协议约定的其他任何内容；

(3)本协议项下债务履行期间，乙方实施了转移财产、抽逃资金等逃避债务的行为；

(4)有事实证明乙方已丧失债务清偿能力。

2. 发生任何违约行为，甲方有权分别或同时采取下列措施：

(1)债务重组不再进行；乙方已向甲方实际清偿的部分，作为甲方对其全部债务的部分履行；

(2)立即宣布全部债务提前到期；

(3)要求乙方从违约之日起，每日付给甲方相当于本协议第一条所述乙方拖欠债务本金的万分之三的违约金；

(4)利率按有关规定计算；

(5)取消相应的本金/利息豁免，并追偿包括但不限于本协议签订、履行期间发生的利息及其他损失；

(6)要求乙方赔偿经济损失；

(7)要求乙方更换保证人或提供新的抵押物、质物；

(8)请求人民法院撤销乙方的行为；

(9)向人民法院请求以自己的名义代位行使乙方的债权；

(10)宣布解除本协议和撤销债务免除证明和相关文件。

3. 甲方在本协议项下的违约行为包括但不限于：

当乙方按协议约定将上述房产所有权转移给甲方及乙方足额支付现金人民币150万元后，甲方没有对乙方的剩余债务予以豁免。

甲方违约，应赔偿乙方的经济损失。

第八条　争议的解决

1. 本协议的订立、效力、解释、履行及争议的解决均适用中华人民共和国法律。在协议履行期间,凡因履行本协议所发生的或与本协议有关的一切争议、纠纷,双方可协商解决。协商不能解决时,当事人任何一方可以依法直接向人民法院提起诉讼。

2. 诉讼期间,本协议的所有条款都继续有效,乙方不得以解决争议为由拒绝执行本协议项下的义务。

第九条　协议的生效

本协议经甲、乙双方授权签字人签字并加盖公章后生效。本协议一式四份,甲、乙双方各执两份,具有同等的法律效力。

尾部(略)

6.4　《债务重组协议》(定稿)

甲方:A 公司

住所地:××市××路××号

法定代表人:×××,职务:董事长

授权代表:×××,职务:××

乙方:B 公司

住所地:××市××路××号

法定代表人:×××,职务:董事长

授权代表:×××,职务:××

丙方:R 公司

住所地:××市××路××号

法定代表人:×××,职务:董事长

授权代表:×××,职务:××

鉴于：

1. 甲方合法拥有本协议第一条所指的债权，债务人为乙方；乙方合法拥有位于××经济特区××路××号第三、七层的房产两座（下称“抵押房产”），并且已经抵押给本协第一条所指债权的原债权人××银行；丙方为中外合作企业S公司（以下简称“S公司”）合作方之一，丙方依据《合作经营S公司合同》和相关法律文件，对合作企业的开发项目××大厦享有30%的投资权益（下称“投资权益”）。

2. 乙方和丙方愿意联合向甲方提供本协议所称之抵押房产拍卖款以及本协议所称之投资权益，作为申请甲方豁免本协议所称乙方债务的对价。甲方在本协议规定得到全面履行的前提下接受上述对价。

3. 乙方保证其已完成改制并已办理工商变更登记，改制程序合法、有效，并承诺依法承受改制前的××集团公司的所有债权债务。

协议三方经友好协商，达成协议如下：

第一条　甲方债权和乙方债务

协议三方一致确认，按2007年__月__日中国外汇交易中心授权公布人民币汇率中间价美元兑人民币______的汇率计算，截至2007年__月__日，甲方对乙方拥有债权和乙方对甲方负有债务（下称“甲方债权”或“乙方债务”）总额折合人民币×××元，其中本金人民币×××元，利息×××元。上述甲方债权和乙方债务的合同和相关文件（下称“原有协议”）如下：

1. ××银行××市分行与乙方签订的《借款合同（编号：95307）》六份（编号：95306—95312）、《房地产他项权证》两份（编号：809和891号）；

2. ××资产管理公司与××银行××市分行签订的《债权转让协议》（编号：×××号）。

第二条　债务重组方案

协议三方一致同意，乙方和丙方联合将其所拥有的下述第（1）项的抵押房产拍卖款和第(2)项投资权益整体转移给甲方或甲方指定的第三人，抵偿本协议所称乙方债务：

1. 抵押房产拍卖款

乙方同意在本协议签订之日起三十日内，委托拍卖行完成对题述抵押房产的拍卖工作，将拍卖所得款项(下称“抵押房产拍卖款”)优先用于抵偿甲方债务。拍卖成交价格必须事先征得甲方同意。如抵押房产在上述期限内未能成功拍卖或拍卖成交价格未获得甲方同意的，甲方有权决定是否接受乙方将抵押房产过户到甲方或甲方指定第三人名下。

2. 投资权益

丙方同意在本协议签订之日起三十日内，将题述投资权益当中的六分之一以不作价的方式转移给甲方或甲方指定的第三人。

第三条　甲方豁免乙方债务

甲方同意仅在下列所有条件已经全部达到和持续有效的前提下，对第一条所述的乙方债务宣布予以豁免并出具债务清结证明：

1. 甲方已经完全收齐抵押房产拍卖款；

2. 投资权益已经办妥登记手续至甲方名下或甲方已经将其再次转让给第三人并收妥款项；

3. 确保本协议合法和有效执行的各项证明文件和批准文件已经合法签署并经政府审批部门批准和完成登记手续；

4. 乙方和丙方已经按时、全面并持续有效地履行或实现本协议各项规定以及声明和保证。

第四条　各方工作

1. 甲方向乙方和丙方提供相关证明和批准文件，协助乙方和丙方完成债务重组的各项工作。

2. 乙方负责在本协议规定期限内完成抵押房产拍卖工作，包括但不限于与甲方商定抵押房产拍卖价格、完成抵押房产拍卖工作、将最终成交价格送甲方确认、办妥抵押房产的过户工作并通知拍卖行将抵押房产拍卖款直接划到甲方指定的账号。在甲方通知乙方将房产过户到甲方或甲方指定第三人名下时，应当及时配合做好相关的抵押房产过户工作。

3. 乙方和丙方共同负责在本协议规定期限内办妥S公司董事会、股东会、相关方和政府部门批准本债务重组协议和审批程序，确保甲方按时、完全和无条件地获得投资权益。

第五条　本次债务重组费用和税费

除中国法律明文规定外，本次债务重组支付的所有费用，包括但不限于支付给政府部门的各种税收和费用以及支付给中介机构的费用，均由乙方和丙方各自承担。如需共同支付的，乙方和丙方自行商定各自的承担比例，与甲方无关。

第六条　声明与保证

1. 协议三方签署本协议及其签字代表已经获得各自的公司充分授权和具有相应和适当的履行能力。

2. 协议三方签署本协议是自愿的，是自身真实意思表示，是建立在充分知晓和理解本协议的基础之上的。

3. 乙方保证完全拥有题述抵押房产，除××银行××市分行设定的抵押权外，抵押房产没有设定任何第三方主张或有权利限制。乙方以题述抵押房产抵偿乙方债务并不违反任何法律法规和章程性文件规定。

4. 丙方保证完全拥有题述投资权益，并无设置质押或者其他第三人权利限制。丙方以题述投资权益抵偿乙方债务并不违反任何法律法规和章程性文件规定。

5. 在协议履行期内，乙方和/或丙方同意按甲方的要求随时提供包括但不限于乙方经营状况、财务状况的报告、报表、本协议履行情况等文件和资料，并对其真实性、准确性和有效性负责。

6. 在协议履行期内，乙方和/或丙方向第三人提供保证或以自身财产设置抵押、质押担保须经甲方书面同意，并保证不以其他可能危及到其自身偿债能力的方式处置其自有资产。

7. 乙方和/或丙方保证,因本次债务重组所引起的乙方和丙方之间或与第三人的一切债权债务关系均由乙方和丙方另行商定和负责解决,与甲方无关。

8. 在协议履行期内,乙方和/或丙方在本协议签订时应向甲方披露如下事件,并保证在本协议履行过程中发生下列事件时将及时以书面形式通知甲方:

(1)乙方发生隶属关系的变更、高级管理人员的变动、公司章程的修改以及内部组织机构的调整;

(2)乙方发生重大债权债务纠纷引起诉讼、仲裁等事件;

(3)其他可能影响乙方履行本协议义务的重大事项。

第七条　协议的变更、解除和终止

1. 协议执行过程中任何一方需要变更本协议的,除本协议另有规定外,均应征得协议其他各方的一致同意。

2. 如抵押房产拍卖款未能按照本协议规定期限拍卖成功;或抵押房产在上本协议规定期限内未能成功拍卖或拍卖成交价格未获得甲方同意的而抵押房产又未能过户到甲方或甲方指定第三人名下的,甲方有权宣布解除本协议,乙方仍然按照原有协议向甲方承担相应债务。

3. 如投资权益未能按照本协议规定期限或其他原因成功过户到甲方名下或甲方指定第三人的,则甲方有权宣布解除本协议并同时决定是否选择接受抵押房产拍卖款。如果甲方决定不接受的,则乙方仍然按照原有协议向甲方承担相应债务;如果甲方决定接受抵押房产拍卖款的,该等款项视同乙方偿还原有协议项下相应金额的债务。原有协议项下剩余部分金额的债务,仍由乙方继续承担。

4. 当出现下列一种或数种情形时,甲方有权宣布解除本协议,乙方仍然按照原有协议向甲方承担相应债务:

(1)有证据表明或可合理预见到抵押房产拍卖款或投资权益不能按照本协议规定转给甲方或甲方指定第三人或甲方无法实现投资权益的;

(2)甲方不同意抵押房产成交价格又不接受抵押房产直接抵债的;

(3)乙方或丙方未能完全履行本协议规定声明、保证和其他义务的;

(4)无论何种原因,本协议的抵押房产未能拍卖成功或成交价格未征得甲方同意,或者抵押房产或投资权益未能过户到甲方或甲方指定第三人名下的。

第八条　违约责任

1. 无论何等原因,乙方未将抵押房产成交价格送交甲方确认和同意的、未按本协议约定支付抵押房产拍卖款、未办妥抵押房产拍卖和产权过户登记手续的或违反本协议规定的任何声明、保证和承诺的,视为乙方违约。

2. 无论何等原因,丙方未按本协议规定及时将投资权益转给甲方或甲方指定第三人的或违反本协议规定的任何声明、保证和承诺的,视为丙方违约。

3. 就上述乙方或丙方的违约行为,甲方有权分别或同时采取下列措施:

(1)要求违约方从违约之日起,每日付给甲方相当于本协议第一条所述乙方拖欠债务本金万分之三的违约金;

(2)宣布解除本协议和撤销相关文件,要求违约方赔偿甲方因此受到的一切经济损失,包括但不限于甲方因此所支出的评估和律师等中介费用。

第九条　合同效力

1. 本合同各个条款之间的效力独立,不受其他条款是否无效的影响。

2. 双方发生争议或诉讼期间,除有争议条款外,其他条款继续有效,乙方不得以解决争议为由拒绝执行本协议中没有争议的其他条款。

第十条　争议的解决

本协议的订立、效力、解释、履行及争议的解决均适用中华人民共和国法律。在协议履行期间,凡因履行本协议所发生的或与本协议有关的一切争议、纠纷,双方可协商解决。协商不能解决时,当事人任何一方可以依法直接向甲方所在地人民法院提起诉讼。

第十一条　协议的生效

1. 本协议经甲、乙、丙三方授权代表人签字并加盖公章后生效。

2. 本协议一式六份,甲、乙、丙三方各执两份,具有同等法律效力。

(尾部略)

Chapter 2 法律实务技能测试

众所周知的是,中国法律教育与实务的严重脱节,造成法科毕业生难以全面掌握法律实务技能。另一方面,用人单位在招聘法律人才时,缺乏一套科学的、全面的评测体系,多数只能依据经验和个人感受来判断应聘者的专业素质和综合能力,人才供应和需求存在严重错位。

为了解决这个问题,我从2004年开始,尝试逐步总结各种面试题目,并将之运用于事务所招聘当中。期间,我又根据实际情况,作了数次大幅度的调整和改进,最后形成读者见到的这套《法律实务技能测试题》。

这套题目主要用于法律人才的招聘和测评上,也可以适用于个人自行测试法律实务技能之用。至今为止,使用过这套测评题目的人数已经超过数百人,结果显示,这套测评题目能够比较客观和全面地反映受测者的法律实务技能,尤其是受测者在思维、写作方面的综合素质和能力。

与司法考试等官方考试题目相比,本套测试题有如下两个明显的特色:

第一,它只考技能,不考记忆力。所以允许答题者使用能够上网的电脑,在网上自由寻找参考法条和相关资料。

第二,它重点考察的是受测者的实务技能而非理论分析。因此,所有的测试题均要求答题者从法律实务出发,以简洁的观点和篇幅,给出实用的解决方案,不需要大段的理论分析。

为了让读者更直观地对照学习,我在测试题后面附上了评分标准和参考答案,供读者自行参考。要声明的是,没有所谓的标准或完美答案,一切均为参考而已,不需要迷信它。

如果您认为自己的答案比我的更好,当然可以在自评时将该项目评为满分,同时非常欢迎您发邮件告诉我(edwinsky2002@ hotmail. com),我非常乐意受教。

一、测试题

答题要求:

1. 此题目为开卷测试,建议测试者使用电脑上网查阅和整理资料,完成相关题目。

2. 答题时间一般控制在3.5—4小时左右,过时仍然未完成的,每延长15分钟扣10分,如此类推。

3. 本套测试题总共10题,满分100分,由各项评分累计而成,详见后面的评分表。对应分数所表示的结果,参见后面的分值评语。

测试题一:材料收集

|案件背景| 当事人是国家直属国有企业,准备在中国银行同业债券市场上发行短期融资券,现欲委托本所为本次发行出具法律意见书。

你作为一律师助理,接受主办律师的指令,负责收集整理短期融资券的相关法律信息、文件和资料,为主办律师起草针对本次短期融资券发行的法律意见书和相应的报批和发行文件提供参考和内容支持。

请按照你自己的理解,上网搜索相关收集的信息、文件和资料,并将收集到的资料进行适当分类,目的是方便主办律师的阅读和取舍。

|答题要求| 请将你收集到的各类资料以分类标题和具体资料标题形式一一列出即可,不用列出具体的内容和网址。

测试题二：梳理分类

|案件背景| 2001 年，根据国务院签发的命令，由财政部出资，我国先后成立了四大资产管理公司，负责处理四家国有银行多年积累下来的不良金融债权，俗称“不良资产”。

我们是某律师事务所，我们的常年法律顾问单位之一是某不良资产管理公司，现在，该公司为了帮助中层干部对不良资产领域相关法律问题有更广泛深入的了解，委托本所总结中国不良资产市场当中的热点和难点问题，起草一份专门的研究报告。

在起草前，你的主办律师已经收集到了如下一堆文件资料。现要求你作为他的助理，对这些资料分门别类进行整理，为主办律师研究和运用这些资料来写作报告做好准备。

|答题要求| 请将如下资料按照你的理解进行区分层次和类别，将相应的标题列出，然后将相应的标题排列其后。层次和类别多少由答题者自行决定。

1. 专家释疑：海外不良资产处置方法介绍<网址>
2. 利用外资处置不良资产中的法律问题论文网
3. 政法社会民族研究频道——资产管理公司不良资产证券化存在的法律问题
4. 《资产管理公司不良资产法律热点难点问题探索》——图书详细资料信息
5. 《利用外资处置不良资产中的法律问题——考试 168 网
6. 关于剥离不良贷款纠纷案件相关法律问题<网址>
7. 热点评论：利用外资处置不良资产中的法律问题——中华管理学习网
8. 国外金融不良资产的处置方法及启示<网址>
9. 金融不良资产打包出售的主要法律问题<网址>
10. 解读《物权法》草案：依法处置不良资产，保护国有资产<网址>
11. 关于剥离不良贷款纠纷案件相关法律问题的探讨——法律论文网

12. 打包出售不良资产中的法律问题<网址>

13. 认清不良资产处置性质,依法保护国有资产——从《物权法》谈起

14. 案例分析:私营业主"一夜暴富"国有资产严重流失<网址>

15. 剥离不良资产过程中的法律时效问题浅析<网址>

16. 不良资产向外资机构批发涉嫌国有资产流失——新闻周刊<网址>

17. 试谈资产管理公司处置不良资产中国有资产流失的原因及对策<网址>

18. 案例研究:国有资产流失疑问多河北高院收回判决遭质疑——新浪网

19. 银监会指出:资产公司处置不良资产存在九大问题<网址>

20. 国外银行不良资产的处置模式及对我国的启示<网址>

21. 国有资产不流失,不良资产谁来买?——新闻导报

22. 封面故事:不良资产处置的陷阱——商务周刊网络版<网址>

23. 资产管理公司不良资产管理和处置的市场化方法<网址>

24. 学术争鸣:资产管理公司不良资产的处置方法综合研究<网址>

25. 处置不良资产资产管理公司竞相走上市场化之路<网址>

26. 巴曙松:国有资产管理公司不良资产市场化处置<网址>

27. 创新型的不良资产处置方式和途径研究<网址>

28. 警惕不良资产处置成国资流失"暗渠"——经济——人民网

29. 两种模式+十种方法=国外金融机构不良资产处置<网址>

30.《不良资产在中国》——当当网新书推荐

测试题三:分析判断

|**案件背景**| 某当事人就股权转让问题到所咨询,向你介绍了如下情况(因当事人并非专业人士,所以在陈述过程当中可能存在陈述内容混乱或使用术语欠准确等问题,请根据你自己的专业知识自行分析和判断):

1. 我公司名为ABS,是一家中外合资企业,中方和外方股东各一名,中方股份占35%,外方股份占65%,JF公司的法人代表、中方股东的法定代表人以及ABS公司的董事长均为同一人。

2. 因生产经营需要，决定由公司出面，向银行申请贷款并获得批准。公司于是委托外方股东 K 公司从外国的专用设备生产商 P 公司处进口设备，打算将设备一部分留给公司自用，一部分用作出租给第三人的 JF 公司。JF 公司具备相应的设备使用资质。

3. 在办理过程当中，由于银行贷款金额不足，公司又决定由外方股东 K 公司在承诺的投资总额内，提前投入一部分作为股东借款给 ABS 公司，公司承诺在将来的分红当中优先归还，中方股东 E 公司承诺对公司的承诺承担连带责任。

4. ABS 公司当事人 JF 公司为早日能够租用公司进口的设备，提出可以预交部分设备租金，但要签订合同，K 公司与 E 公司均表示同意。

5. 银行提出要求 ABS 公司将设备设定抵押，作为贷款的担保，同时还要求 ABS 公司的中方和外方股东均单独签署担保书。

|答题要求| 请按照如下格式写出当中存在的所有法律关系，包括主体、客体和简要内容，例如：A 公司与 B 公司之间的设备买卖关系。

测试题四：证据整理

|案件背景| A 公司是专门生产水泥的大型企业，商标为“天××”。B 公司生产的同类产品也在市场上销售，在其使用的外包装上使用产品名称为“长天××牌水泥”。

最近，A 公司接获消费者投诉，称 B 公司的外包装上的“长”字淡化难认，加上外包装风格、色彩和设计与 A 公司的类似，致使消费者容易将 B 公司的“长天××牌水泥”误认为 A 公司的“天××”牌水泥。

其后，A 公司经统计后发现，自 B 公司的上述产品在市场上销售以来，A 公司的“天××”水泥产品销量明显下降。

A 公司经与律师商议后决定，现拟委托你所在的律所起诉 B 公司，要求判决 B 公司产品侵权并赔偿损失。为此，A 公司提供了如下的事实和证据。

|答题要求| 请你作为本案的主办律师，根据自己的专业知识，将如下事实和证据进行分类和筛选，以便作为起诉证据使用。

请首先将你认为没有用的部分事实和证据剔除出来，并写明删除的理由;然后,将你认为有用的法律事实和证据分类整理出来,并总结出每一类别的标题,在每一证据后面写明该证据在本案诉讼当中的证明内容和所起到的作用。

当事人提供的事实和证据具体如下:

1. 原告经过最新一期年审的工商营业执照

2. 原告委托某鉴定中心出具的关于被告侵权产品是否与原告商标相类似的《技术鉴定书》

3. 国家商标局发出的《商标申请书》回执

4. 被告向经销商发出的产品销售空白订单模板,上有被告产品名称

5. 国家商标局核发的"天××"注册商标证书

6. 原告公司成立时的验资报告

7. 原告向公证处申请对侵权产品进行保全的公证申请书

8. 原告与某鉴定中心签订的《委托鉴定合同》

9. 被告宣称其产品系其自行研发的广告,上有被告对其产品的宣传语

10. 某鉴定中心向原告公司开具的鉴定费发票

11. 国家某部门向原告签发的《中国环境标志产品认证证书》

12. 被告侵权产品的外观照片与原告商标的对照图

13. 被告公司销售经理张××的身份证复印件

14. 原告与某律师所签订的《律师委托代理合同》

15. 被告公司成立时的验资证明

16. 广东省商标局核发关于原告产品的"天××"注册商标的证明

17. 被告于××年××月××日在某报纸上刊登的广告复印件,上有被告产品的销量和收入等数据

18. 被告公司销售经理张××的名片3张,上有公司地址等记录

19. 被告公司最新一期年审记录和营业执照

20. 公证处向原告公司开具的公证费发票

21. 被告向第三人销售侵权产品的发票10张

22. 原告委托某会计师事务所出具的原告在被告侵权产品生产和销售期间原告的销售报表对比统计表

23. 原告向该公司的母公司投诉其产品侵权的函

24. 原告委托某市场调查研究公司出具关于被告侵权产品是否与原告商标相混淆的《市场调查报告》

25. 某律师所向原告公司开具的律师费发票

测试题五：情形设计

案件背景 我方当事人系某商业银行，早年曾经借款给某公司，该公司将其名下房产一座抵押给银行，并已经在房管部门办理了相应的抵押登记手续。

现因该债务人无力还款，经双方协商同意在银行的监管下，债务人将抵押房产进行公开拍卖成功后，由银行解封抵押房产以实现过户，然后银行对拍卖所得款项优先受偿，最后才由银行豁免债务人剩余的债务。

现我方当事人担心对方在上述过程当中，可能会产生各种违约行为或者会产生其他的意外情况，导致上述交易目的不能实现。因此，银行委托律师起草与该公司的《债务重组合同》，要求在合同当中注明违约责任、意外情况和合同单方解除权等条款，要求一旦发生风险，银行有权单方解除合同，从而建立起有效防范和控制风险的“防火墙”。

答题要求 请你作为银行的律师，预测本合同在签署或将来履行过程当中可能出现的各种违约行为和意外情况，设计出相应的单方解除合同条款。

鉴于银行作为债权人，而且有抵押房产做履约保证，因此银行向律师强调，应当充分运用这些有利条件写作合同条款，倾向保护银行自身利益。

而且，银行特别强调，要求合同当中写明，无论发生什么问题，自合同签订之日起九十日内银行仍未收到拍卖款项的，则合同必须无条件解除。

测试题六：平衡完善

案件背景 我方当事人是某国有企业，拟在市场上公开发行债券。为完成前述事宜，拟委托某证券公司作为承销商，以下是发行人与承销商之间就本次债券发行事宜约定的合同条款之一：

“若本协议基于15.1条或发行人的原因而终止,发行人仍有义务就主承销商及其代理人和顾问为本次发行的目的和发行人的利益而支出或垫付的合理费用作出补偿。”

|答题要求| 当事人感觉这一条款的规定条件只约束当事人自己,对证券公司没有相应的约束,而且条款陈述范围不够也不够全面,不能涵盖合同履行过程当中可能发生的各种情况。

现请你作为主办律师,根据自己的专业知识,对条款可能涉及的各种情况进行全面定义和陈述,并要做到对双方均客观公平,如果不能确定的内容可以自行创造。

测试题七：形式表达

|案件背景| 我方当事人拟委托某软件公司开发一套贷款计息软件,《软件系统开发合同》草稿当中的有如下一段条款。

|答题要求| 现要求你作为主办律师,依据自己的专业知识对该段内容进行全面修改。具体要求是:陈述顺序和条理清楚;陈述句式和定义前后统一;语句通顺,没有语病;标点符号运用正确。

原文如下:

开发方保证软件可以实现如下功能:

1. 运行程序系统数据正确,稳定,没有重大错误等问题;

2. 如日后公司提出升级要求的该软件能够顺利实现;

3. 保证软件系统能实现以设定公式反映单笔、多笔及全部贷款本息合计结果的特殊功能。

4. 保证该软件根据甲方的指示停止任何一笔贷款的利息计算。

测试题八：文字表达

|案件背景| 我们的常年法律顾问单位在日常经营当中签订了各种合同,以下是几份合同当中存在问题的条款。

|答题要求| 要求你作为主办律师,依据自己的专业知识对该段内容进行全面修改。修改要求是:陈述顺序和条理清楚;陈述句式和定义前后统一;语句通顺,没有语病;标点符号使用正确。

原文如下:

合同一:《货物买卖协议》当中的赔偿条款

甲方应赔偿乙方由于甲方违反本协议的条款而使其遭受或承担的或与此有关的全部损失、责任、开支、索赔、诉讼、损害、费用或要求。

合同二:《顾问咨询合同》当中的身份条款

本协议的任何规定均不得被解释为在公司和张女士之间创设了雇佣关系、代理关系、合伙或合资关系和其他类似关系。

合同三:《债务重组协议之补充协议》中的声明条款

根据我公司与贵方于××××年××月××日签订的[2007]××第×××号《债务重组协议》的规定,贵公司已于×××年××月××日向我方付清了人民币×××万元,其中本金余额×××万元,表内利息×××万元,表外利息×××万元,本息合计×××万元。现我方按照合同规定,同意豁免贵方剩余债务并向贵方出具相关证明。

测试题九：预测细化

|案件背景| 某次进出口合同谈判,当事人双方经过商议后,用传真方

式对交易内容作了如下约定：

买卖货物以货物实际交割当日的人民币转换成美元计价，三个月后以美元结算。对于三个月内产生的汇率误差，双方同意各承担一半的风险。汇率按照当日中国银行公布的人民币兑美元中间价计算。

|答题要求| 上述传真内容经主办律师初步审查后，认为内容不够细致，操作方式陈述不清。现要求你根据上述约定的要旨，将上述约定内容细化成若干条书面合同条款，纠正现有问题。

测试题十：方案设计

|案件背景| 当事人是一中外合资企业 A 公司，为开拓市场和争取业务，拟吸收拥有丰富当事人资源的 B 公司入股。

B 公司提出的股权转让对价有二：一是 A 公司业务增长承诺，即 B 公司承诺将来一年给 A 公司新增加业务量不低于 500 万元；二是用红利支付股权转让款，即以一年后 A 公司的红利支付股权转让款。但是，要求先将合资公司的股权过户到 B 公司名下。

A 公司的两位股东 K 公司和 P 公司经考虑后表示同意，但又担心先将股权过户给 B 公司后不能获得相应的业务增长承诺，同时更会无法获得股权转让款，还会导致转让给 B 公司的 A 公司股权流失或者被 B 公司的债权人夺去。故向律师咨询有什么方法可以有效防止或控制风险?

|答题要求| 要求你作为主办律师，根据当事人提出的上述目标，写出一份法律意见书的纲要标题，包括行动要点和风险控制方法。以关键词形式简略总结每个方案内容、优劣性即可，不需要进行详细的分析和推理。

二、思路评析和参考答案

测试题一

【思路评析】

材料收集能力是答题者应当具备的素质之一。本题旨在考察答题者在面对陌生的专业问题时,如何紧扣商业目标,充分发挥自己的想象力,出色完成陌生任务。做好此题目,关键要明白三个问题:

文书是做什么用的?文书是什么人写的?文书是什么人读的?

以本题为例,收集材料工作的目的是为了起草法律意见书,所以法律规定、热点问题和法律意见书样本这三个部分内容必不可少。

【参考答案】

一、基本知识

我国银行间市场发展的背景与前景——新华财经

企业短期融资券,中国企业金融发展史上的里程碑事件——人民网

企业获准发行短期融资券发行利率不受管制——TOM 财经

短期融资券向企业“开闸”不对社会公众发行——TOM 财经

短期融资券的 PowerPoint 演示文稿——律师博客

短期融资券发行掀起高潮优质券种将成新宠 TD——新华网

二、相关法律法规

《证券公司短期融资券管理办法》——证券公司网站

上海市企业短期融资券管理暂行办法——法律快车

深圳中小企业短期融资券管理暂行办法——证券公司网站

海南省企业短期融资券管理暂行办法——证券公司网站

重要消息提示:《短期融资券承销规程》、《短期融资券信息披露规程》

三、热点问题和分析

北京某律师撰写《我国企业短期融资券的法律分析》——该律所网站

大风险笼罩短期融资券市场——新浪网

短期融资券超常规发行商业银行趁机收编优质企业——搜狐网
问题短期融资券警醒货币基金——人民网
市场热点:哪些券商可以发行短期融资券——北方网
短期融资券定价有待完善——中金在线

四、相关文件模板

化医控股短期融资券分析报告——管理资料
上海紫江短期融资券分析报告——潮商信息网
律师工作报告样本
承销协议及承销团协议

五、法律意见书样本

长江电力股份有限公司发行融资券的法律意见书——该公司网站
芜钢铁集团有限公司发行短期融资券的法律意见书——该公司网站

六、其他

中国短期融资券信用分析周报(PDF12)——管理资料
2006年下半年中国短期融资券信用展望——信用管理资料

测试题二

【思路评析】

本题的答题方法需要注意两点:一是分类标准应当从研究目的出发,结合资料本身特点进行分类,各个类别之间的关系应该是平行的,不能发生交叉或重合的情况;二是考虑到资料数量较多,所以分类应该至少有两层,但不要超过三层,这样显得资料分类更加清晰和明确。

如果答题者将资料按照外在形式分类,例如分成学术争鸣、热点故事、专家释法、案例分析等,则表示答题者的专业观察和归纳能力流于表面,需要加强工作的目标感。

【参考答案】

一、综述

(一)综合
19. 银监会指出:资产公司处置不良资产存在九大问题<网址>
22. 封面故事:不良资产处置的陷阱——商务周刊网络版<网址>

24. 学术争鸣:资产公司不良资产的处置方法<网址>

(二)国外经验

1. 专家释疑:海外不良资产处置方法介绍<网址>

8. 国外金融不良资产的处置方法及启示<网址>

20. 国外银行不良资产的处置模式及对我国的启示<网址>

29. 两种模式+十种方法=国外金融机构不良资产处置<网址>

(三)参考书籍

4.《资产管理公司不良资产法律热点难点问题探索》——图书资料信息

30.《不良资产在中国》——当当网新书推荐

二、法律问题

(一)国有资产流失

10. 解读《物权法》草案:依法处置不良资产,保护国有资产<网址>

13. 认清不良资产处置性质,依法保护国有资产——从《物权法》谈起

14. 案例分析:私营业主"一夜暴富"国有资产严重流失<网址>

16. 不良资产向外资机构批发涉嫌国有资产流失<网址>

17. 试谈资产管理公司处置不良资产中国有资产流失的原因及对策<网址>

18. 案例研究:国有资产流失疑问多河北高院收回判决遭质疑——新浪网

21. 国有资产不流失,不良资产谁来买?——新闻导报

28. 警惕不良资产处置成国资流失"暗渠"——经济——人民网

(二)剥离

6. 关于剥离不良贷款纠纷案件相关法律问题<网址>

11. 关于剥离不良贷款纠纷案件相关法律问题的探讨——法论网

15. 剥离不良资产过程中的法律时效问题浅析<网址>

(三)利用外资处置

2. 利用外资处置不良资产中的法律问题——法论网

5.《利用外资处置不良资产中的法律问题》——考试168网

7. 热点评论:利用外资处置不良资产中的法律问题——中华管理学习网

三、处置途径

(一)市场化

23. 资产管理公司不良资产管理和处置的市场化方法<网址>

26. 巴曙松:国有资产管理公司不良资产市场化处置<网址>

25. 处置不良资产资产管理公司竞相走上市场化之路<网址>

(二)打包出售

9. 金融不良资产打包出售的主要法律问题<网址>

12. 打包出售不良资产中的法律问题<网址>

(三)证券化

3. 政法社会研究频道——资产管理公司不良资产证券化存在的法律问题

(四)其他途径

27. 创新型的不良资产处置方式和途径研究<网址>

测试题三

【思路评析】

法律关系分析是法律专业的基本功之一。本题旨在测试答题者的法律专业分析技能,答题窍门在于先将主体分离开来,然后再逐一考察各个主体之间的法律关系。当中还要注意,有些主体在某些法律关系当中作为共同的一方,有些则需要分离。

【参考答案】

一、关于中外合作企业

1. 外方股东K公司和中方股东E公司之间的合资关系。

二、关于设备进口

2. ABS公司与外方股东K公司之间的委托代理关系;

3. K公司与P公司之间的设备买卖关系。

三、关于设备购买款项

4. ABS公司与银行之间的借贷关系;

5. ABS公司与银行之间的设备抵押关系;

6. 银行与外方股东K公司之间的保证关系;

7. 银行与中方股东E公司之间的保证关系;

8. ABS 公司与外方股东 K 公司之间的借贷关系；

9. 中方股东 E 公司与外方股东 K 公司之间的连带保证关系。

四、关于设备租赁

10. ABS 公司与 JF 公司之间的设备租赁关系。

测试题四

【思路评析】

本题旨在测试答题者整理、判断和运用事实和证据方面的能力。此题的答题方法是紧紧围绕案件的诉讼请求，首先将对于证明目标没有作用或者重复的法律事实和证据一一剔除；在列出证明目标有作用的事实和证据时，注意按照法律关系的构成要素顺序依次排列。

【参考答案】

一、删除的证据

删除证据：3. 国家商标局发出的《商标申请书》回执

删除理由：证据当中已经有正式的商标证书，因此申请过程可以忽略不说。

删除证据：4. 被告向经销商发出的产品销售空白订单模板

删除理由：空白订单模板与本案诉因也没有联系，也不能证明相关事实。

删除证据：6. 原告公司成立时的验资报告

删除理由：已有营业执照证明原告主体资格，无需再提交验资报告。

删除证据：9. 被告宣称其产品系其自行研发的广告

删除理由：这个证据只能证明被告的具体行为，对支持原告诉求作用不大。

删除证据：13. 被告公司销售经理张××的身份证复印件

删除理由：张××的个人身份，与本案需要证明的事实关联性不大。

删除证据：18. 被告公司销售经理张××的名片 3 张

删除理由：同上。

删除证据：23. 原告向该公司的母公司投诉其产品侵权的函

删除理由：原告的投诉函只能证明原告的主张，无法证明侵权事实存在。

二、分类的证据

(一)证明原告和被告诉讼主体合法性的证据

1. 原告经过最新一期年审的工商营业执照

15. 被告公司成立时的验资证明

19. 被告公司最新一期年审记录和营业执照

(二)证明原告合法持有"天××"商标及该商标的声誉和市场价值

5. 国家商标局核发的"天××"注册商标证书

11. 国家某部门向原告签发的《中国环境标志产品认证证书》

16. 广东省商标局核发关于原告产品的"天××"注册商标的证明

(三)证明被告产品名称与原告商标相近似的证据

2. 原告委托某鉴定中心出具的关于被告侵权产品是否与原告商标相类似的《技术鉴定书》。

12. 被告侵权产品的外观照片与原告商标的对照图

24. 原告委托某市场调查研究公司出具关于被告侵权产品是否与原告商标相混淆的《市场调查报告》

(四)证明被告侵权行为给原告造成产品销售损失的证据

17. 被告于××年××月××日在某报纸上刊登的广告复印件,上有被告产品的销量和收入等数据

21. 被告向第三人销售侵权产品的发票10张

22. 原告委托某会计师事务所出具的原告在被告侵权产品生产和销售期间原告的销售报表对比统计表

(五)证明被告侵权行为造成原告支出调查费用开支的证据

7. 原告向公证处申请对侵权产品进行保全的公证申请书

8. 原告与某鉴定中心签订的《委托鉴定合同》

10. 某鉴定中心向原告公司开具的鉴定费发票

14. 原告与某律师所签订的《律师委托代理合同》

20. 公证处向原告公司开具的公证费发票

25. 某律师所向原告公司开具的律师费发票

测试题五

【思路评析】

本题旨在考察答题者的预测能力和创造力。律师预测能力的源泉除了来自于丰富的实践经验外,充分的想象力和细密的心思亦不可少。此外,还要仔细考虑分清各方的违约情形和相应责任。

【参考答案】

一、因甲方情势变化

1. 因甲方上级主管部门或政府管理部门决定取消或改变本项目的;

2. 因甲方发生重组、合并、财务困难或其他重大变化事项的。

二、因乙方违约

无论何等原因,乙方存在以下一种或数种情形的,视为乙方违约:

1. 乙方未能在签署本合同之日起×日内将抵押房产公开拍卖的;

2. 乙方在拍卖成功之日起×日内未将拍卖款项划给甲方的;

3. 乙方在甲方同意解除抵押登记×日内未与买受人办妥抵押房产过户手续的。

三、因第三人主张权利

无论何等原因,如果因第三人主张权利而导致甲方或乙方不能继续履行本合同的。

四、因不可抗力

1. 因国家法律法规调整或政府法令改变的;

2. 因地震、火灾、战争等原因导致抵押房产灭失或市场评估价值下降的。

五、逾期收款

无论何等原因,债务重组协议自签订之日起九十日内,甲方尚未收齐拍卖款项的。

测试题六

【思路评析】

此题旨在测试答题者的想象力和平衡力,即如何平衡交易双方利益和风险，在为当事人争取权利空间的同时不失法理和合理的尺度。该类条款通常有两种写法：

一是排列式，即将可能发生的各种情况一一列出，方法比较笨，但永远是最安全可靠的方法。

二是循环式，这是比排列式更高明的方法，但容易出错，初学者慎用。

【参考答案一：排列式写法】

若本协议基于15.1条和/或发行人的原因而终止，发行人仍有义务就主承销商及其代理人和顾问为本次发行的目的和发行人的利益而支出或垫付的合理费用作出补偿。若本协议并非上述原因而终止的，发行人无需对主承销商及其代理人和顾问作出任何补偿。

若本协议基于主承销商的原因而终止，主承销商及其代理人和顾问仍有义务就发行人为本次发行的目的和主承销商及其代理人和顾问的利益而支出或垫付的合理费用作出补偿。

若协议并非基于15.1条和任何一方的原因而终止的，合同一方无需其他方作出任何补偿。

【参考答案二：循环式写法】

若本协议基于15.1条终止的，发行人仍有义务就主承销商及其代理人和顾问为本次发行的目的和发行人的利益而支出或垫付的合理费用作出补偿。

若本协议基于一方的原因而终止的，该方仍有义务就合同另一方及其代理人和顾问为本次发行的目的和该方的利益而支出或垫付的合理费用作出补偿。

若协议并非基于15.1条和任何一方的原因而终止的，合同一方无需其他方作出任何补偿。

测试题七

【思路评析】

此题可以综合测试答题者的多项能力：补遗力、中文基础、严谨程度、陈述顺序和细节纠正等。其中：

补遗的地方主要是增加“不间断”、“随时”的说法，将细节补充完整；

中文基础主要是考察对于陈述句式的运用技巧，是否统一和整齐；

严谨程度主要是补充了与设定公式关联参数的规定，确保条款可执行；

陈述顺序主要是考察逻辑的严密程度，本条的陈述顺序可以按照基本功能（第1条）、特殊功能（第2.3.4条）和预留功能（第5条）为序，先基本、后特殊，逐一展开。其中第1条和第5条的位置应该是固定的，不能颠倒。

【参考答案】

开发方保证软件能够在委托方使用该软件期间不间断地实现如下功能：

1. 保持稳定的运行状态和准确的计算结果；

2. 可以随时根据选定的计算公式和选定的贷款笔数范围计算出贷款的本金或本息合计结果；

3. 可以随时停止指定贷款项目的利息计算；

4. 可以随时增加、删除和修改计算公式本身和各个参数；可以随时修改、删除和修改贷款项目和各个参数；

5. 预留主要运行变量和参数的接口便于日后实现软件修改和升级。

测试题八

【思路评析】

第1条：本条存在的问题主要是词句搭配不当，不符合中文文书写作规范。

第2条：此条的错误主要是法律术语的错误。“雇佣关系”在我国法律当中并非一个法定用语，在中文语法当中，这个术语是个集合概念，是指雇主与雇员约定在一定期限内雇员向雇主提供劳务并由雇主给付报酬所形成的权利义务关系，一般包括了劳动关系、劳务关系、人事关系、代理关系和承揽关系等关系在内。

为了避免混淆，此题采取了正面和反面两方面分别描述的方法进行。首先从正面将张女士与公司之间的权利义务内容陈述清楚，然后从反面将雇佣关系当中的其他关系予以排除。

第3条：此题目存在的主要问题是称谓前后不一致，例如：我公司和我方；贵公司和贵方；前面写的是《债务重组协议》，后面称合同等。

【参考答案】

1. 甲方应赔偿乙方由于甲方违反本协议的条款而使乙方遭受的全部损失以及乙方因此应当或已经支出的全部赔偿款项、费用和相关开支等。

2. 张女士以独立身份,依据本协议规定,向公司提供顾问服务。本协议的任何规定均不得被解释为公司与张女士之间创设或存在劳动关系、人事关系、合伙或合资关系以及与上述关系实质性相似的法律关系。

3. 根据我方与贵方于××××年××月××日签订的[2007]××第×××号《债务重组协议》的规定,贵方已于×××年××月××日向我方支付相关款项人民币×××万元,其中本金余额×××万元,表内利息×××万元,表外利息×××万元。现我方按照上述《债务重组协议》规定,同意豁免贵方剩余债务并向贵方出具相关证明。

测试题九

【思路评析】

本题旨在测试答题者如何发挥想象,预测将来可能发生的各种情形,并用文字转化为可供具体操作的书面条款,以及答题者在具体表述时的细节纠正能力。

对于本题当中的当事人要求,比较好的陈述方式是列举式,列出三种情形,即汇率不变、汇率降低和汇率上升的情形。

对于这三种情形,分别规定相应的金额不变、扣减或增加的方法。

【参考答案】

双方就货款结算方法约定如下:

一、定义和用语条款

"基准日汇率",即本合同所称货物的实际交割日的中国银行公布的人民币兑美元中间价。

"付款日汇率",即本合同所称货物的实际交割日之日起第四个月第一日的中国银行公布的人民币兑美元中中间价。

……

三、合同货款结算

1. 合同双方一致同意,甲方向乙方交付的货物价值人民币××万元

(下称“基准日货值”),按照基准日汇率换算,乙方应当支付给甲方合同货款美元××万元(下称“基准日货款”)。

2. 在本合同规定的实际付款日,甲方按照如下方法支付合同货款给乙方:

(1)如基准日汇率与付款日汇率相同的,乙方应当全额支付基准日货款给甲方;

(2)如基准日汇率低于付款日汇率的,乙方有权将基准日货款,先行扣除以基准日货值乘以付款日汇率换算所得美元金额的一半,方才将剩余部分款项支付给甲方;

(3)如基准日汇率高于付款日汇率的,乙方应当将基准日货款加上以基准日货值乘以付款日汇率换算所得美元金额的一半,两部分款项一并支付给甲方。

测试题十

【思路评析】

此题测试答题者的解决方案的设计技能。首先需要充分理解当事人目标。根据当事人的陈述,我们可以总结出当事人的两点目标,首先是要求 B 公司达到规定的业务量,其次是要求获得 B 公司以红利支付的股权转让款。

对于上述两点,最简单的方案当然是要求 B 公司作出承诺和签署相关文件。但是,作为一个法律专业人士,除了上述的“结婚思维”外,还需要有“离婚思维”,即给上述问题加上一个后续问题:“如果对方达不到前述要求怎么办?”

因此,我们可以总结出三种解决方案:回购、另行付款和无权分红。

此外,鉴于 A 公司有可能回购股权,自然需要保证在 A 公司回购股权之前的相应股权的安全,因此得出第四种保障性措施:要求对方将股权质押给 A 公司。

综上所述,当事人目标和具体方案描述如下:

一、当事人目标

B 公司应当同时实现如下目标:

1. 要求 B 公司达到规定的业务量;

2. 要求获得 B 公司以红利支付的股权转让款;

3. 在兑现目标之前为保证股权安全,要求将股权质押给 A 公司。

二、如果达不到的

则 A 公司可以按照如下方式之一处理：

1. 宣布按照双方约定价格回购股权；
2. 要求 B 公司另行支付股权转让款；
3. 公司无权分红。

此外，在设计方案时，还要考虑上述几种具体措施的实施时点，因此答案按照时间为顺序进行设计可以显得比较严密。

【参考答案】

一、在签署股权转让协议时，要求 B 公司在《股权转让协议》和相关文件中作出保证业务量增长的承诺

要求 B 公司在《股权转让协议》和相关文件当中作出保证公司业务量增长的承诺。如果届时无法实现，B 公司不能参与分红，以分清双方的权利义务，为将来的追究责任甚至解除协议做好准备。

二、在 B 公司考核期限届满之前，B 公司将股权质押给 A 公司

为防止 B 公司有条件持有股权期间，因 B 公司自身原因造成股权被第三人申请查封或处置，要求 B 公司将获得的股权作为其将来支付股权转让款的保证，质押给 A 公司的其他股东。

三、如果 B 公司的承诺无法兑现的，A 公司有权选择执行如下条款之一

(一) A 公司回购股权

为防止 B 公司一年后无法实现负责公司业务量增长的承诺，双方在股权转让合同当中约定，如 B 公司无法实现上述承诺，则公司股东用一个象征性的价格回购 B 公司持有的股权。

(二) 要求 B 公司另行支付股权转让款

为保证 B 公司一年后支付股权转让款，要求 B 公司签署保证书，确保在公司业务量无法增长的情况下，B 公司另行支付股权转让款。

(三) A 公司获得合作公司的全部红利

根据双方约定和 B 公司承诺，B 公司在兑现业务量承诺前，B 公司无权分红，A 公司有权自行获得合作公司的全部分红。

三、评分表

注:本测试题满分100分,由各项累计而成。如果各项当中细项累计结果超过该项满分标准的,按照满分计算:

项目	评分规则	满分	自评分
查找资料	测试题一,能够至少列出第二类法律法规、第三类法律热点问题和第五类法律意见书样本的,每1类加1分; 测试题一,能够列出符合参考答案类别三类或以上的,加1分。	4	
资料分类	测试题二,最多列出3类的;将资料分成学术争鸣、封面故事、专家释法、案例分析等类别的,本项目评为0分; 测试题二,如果能够列出4类或更多并且与参考答案基本类似的,3分;每多1项加1分,满分5分; 测试题二,如果能够列出两层分类的,加1分;	6	
专业分析	测试题三,不能达到8种关系的,本项目0分;能够列出8种关系或以上的,6分;能够列出全部10种关系的,8分; 测试题三,能够将第三类关系当中银行与K公司、E公司的法律关系分别列出的,加1分; 测试题三,将第三类关系当中的K公司与E公司之间的承诺保证还款关系列出的,加1分。	10	

续表

项目	评分规则	满分	自评分
总结概括	测试题四,能够列出答案第一类当中任何5种没用证据的,加2分;7种或以上的,加3分; 测试题四,能够列出答案第二类有用证据的,按照列出的类数评分,列出一类加1分,二类加2分,如此类推,列出与参考答案相同五类的,加7分。	10	
细化预测	测试题五,能够列出全部五类的,基本分7分;只能列出其中几类的,1类1分;能够列出甲方情势变化的,加1分;列出第三人侵权的,加2分;	10	
创造力	测试题五,能够列出第三点原因,即第三人主张权利时银行有权解除合同的,加5分; 测试题七,能够写出参考答案的第4小点,即将"设定公式"详加解释的,加3分; 测试题十,能够列出第二种当中A公司有权要求回购方法的,加3分;能够列出要求B公司另行付款的,加5分;能够列出要求B公司将股权质押给A公司的,加5分。	10	
平衡力	测试题六,能够写出限制对方补偿在合理范围并事先通知或者写出"因主承销商的原因而终止"情形的,加3分; 测试题六,能够按照参考答案的第一种方式排列式答题的,加7分;如果按照第二种循环式答题的,加分8分; 测试题六,能够列出"假若非因15.1条款和任何一方原因终止"条款的,加5分。	10	

续表

项目	评分规则	满分	自评分
补遗力	测试题七，能够将当中的“开发方”改为“乙方”的；或者将测试题当中的“公司”、“甲方”统一为委托方的，加2分； 测试题七，能够将题目当中的“设定公式”予以明确定义的，加2分； 测试题八，能够将第3条当中的“合同”改为“协议”的，加2分； 测试题八，能够将第3条当中的“我公司”和“贵方”分别统一称呼的，加1分。	5	
中文基础	测试题八，能够将第1条当中的谓语“赔偿”对应“损失”和“开支”的，加3分； 测试题八，能够以定义的方式，将第2条当中的“雇佣关系”和成其他关系区别开来的，加2分； 测试题九，如果能够将“承担汇率风险”扩展成三种情况分别书写支付方案的，加2分。	5	
书面转换	测试题九，如果简单地将内容表述为“各承担一半风险的”，本项目0分； 测试题九，能够将“承担风险”的方式分类表述的，加3分；如果表述方式接近参考答案的，加5分。	5	

续表

项目	评分规则	满分	自评分
严谨程度	测试题五,能够写出参考答案的预测情形至少四类的,加 3 分;如果能够全部写出的,本项目满分; 测试七,能够将陈述句式排列一致的,加 3 分; 测试题八第 2 条,能够将双方关系以陈述句形式详细描述的,加 3 分; 测试题八第 2 条,能够将"雇佣关系"详细分析或改写成"劳动关系的",加 2 分。	10	
陈述顺序	测试题四,能够在有用的事实和证据当中,按照法律关系顺序依次描述的,加 2 分; 测试题五,能够在"乙方违约"的情形部分,按照明确线索依次描述一方违约情形的,加 2 分; 测试题七,能够按照参考答案所列的基本功能、特殊功能和预留功能该等顺序排列条款内容的,加 3 分; 测试题七,能够题目当中第 2 点"预留接口"条款在答案当中移到最后 1 点的,加 2 分; 测试题十,能够在答案中将解决方案按照一定顺序排列的,加 2 分。	10	
细节纠正	测试题七,能够将当中的"软件系统"、"开发的软件"和"该软件"统一称呼的,加 2 分; 测试题七,能够将当中的 6 个标点错误全部改正的,加 2 分; 测试题八,能够将第 3 条当中的"合同"两字改为"协议"或"《债务重组协议》"的,加 1 分。	5	
总分		100	

四、分值评语

本套测试题总共10题,满分100分,由各项评分累计而成。测试结果的总分数处于以下各分数段的,分别对应的测试结果评语如下:

- **50分或以下**

说明答题者的法律专业基础和知识体系均有所欠缺,尚不具备从事法律职业工作所需要的基本技能。按照我使用这套测试题的经验,答题者多数应该是在校学生。

建议答题者重新认真学习法理学、逻辑学以及大学法律本科教育的各门课程,同时注意坚决摒弃和纠正中国法学教育当中存在的"重原理、轻应用"和"重概念、轻法条"的问题,时刻注重以工作目标为思维的出发点和依归,紧扣实践问题和情况开展学习和研究。

此外,平常多运用网络等各种途径,学习和参与各种热门法律问题的讨论、分析和研究,能够更好地弥补专业经验的欠缺。

- **50-60分**

说明答题者具备了一定的专业水平和基本素质,但显然缺乏实践经验和必要技能。按照使用这套测试题的应聘者身份分析结果,答题者多数为法学院的本科或硕士生毕业生。

根据以往的测试统计结果表明,答题者得分较差的项目全面覆盖各个项目,不少项目可能会获得零分,例如:想象平衡技能当中的预测、创造和平衡能力;文字表达技能当中的书面转换能力、严谨程度和陈述顺序等,这些项目都是答题者需要在短期内急需重点提升的技能。

解决这个问题的最佳办法是将本书深入精读,重新打下思维与写作的扎实基础。

- **60-80分**

说明答题者的专业水平和实践经验相当于从事法律职业工作1-3年

左右。对法律思维和写作的基本规律有初步认识,也积累了一些技巧,但是仍然缺乏灵活运用实践经验的能力,以及缺乏综合判断和解决实际法律问题的专业技能,尤其缺乏判断法律事务写作的方向感和整体大局观。

根据以往的测试统计结果表明,答题者在法律研究技能得分会较高,但分析判断技能表现一般;想象平衡技能部分分项表现尚可,但总体表现不佳;在文字表达技能方面,细节纠正方面尤其需要加强,而且严谨程度和陈述顺序方面往往表现较差,需要注意改进。

建议答题者应该加强学习如何分析和确定写作目标,设计和安排法律文书结构和框架等内容。此外,细节表达则要注意学习如何充分发挥想象力。

- **80–90 分**

说明答题者的专业水平和实践经验相当于从事法律职业 3 年或以上,具备较为良好的法律思维与写作技能,已经能够相对独立地进行法律研究、分析判断和文书写作。

根据以往的测试统计结果表明,答题者在法律研究和分析判断技能方面均能够取得接近满分,在文字表达技能方面总体表现不错,但在某些分项上例如书面转换、严谨程度和陈述顺序上仍然有所欠缺;在想象平衡技能上,有一定的预测力,但比较缺乏想象力或创造力。可能是答题者从事法律职业日久,逐渐被刻板、枯燥的法律工作所同化,想象力和创造力开始日渐枯萎。

建议答题者应该注意拓宽视野,广泛涉猎其他学科知识,例如历史、文学、诗歌或艺术作品等,学习鉴赏生活和阅读人生,更好地激发自己的想象力和创造力。

- **90 分或以上**

如果答题者得分在 90 分或以上,那证明答题者的文书写作水平和技能已经足以跻身中国一流法律专业工作者之列,可以独立从事复杂项目的操作和相应的法律文书写作工作。只要注意多加学习和积累,日后定成大器。

此时,答题者需要注重磨炼的,更多的应该是写作技能之外的其他技能,例如:思维、沟通、营销等。

感悟幸福人生密码

这是一个湿润沁凉的夜晚，一场秋雨自幽暗的天际而来，滴落在我书房的窗前。入心而化，来去之间，将蒙尘的心灵清洗得纤尘不染。在这如水的夜晚，思绪静默成开合有致的百合。我沏了一壶普洱茶，就着窗外的雨声与夜色，在弥漫满室的清馨和橘黄色的灯下，翻开了我的旧作《一个人在途上》：

> 一个人在途上，在宿命中漂泊，为了寻找灵魂的宁静。如果有命运，命运中有神，我只祈求以我青春和梦想所作之祭品，感动于神。至少，当我老去，仍然可以保留一点点当年的记忆和勇气：永远记住多年之前，有这样一个寒冷的清晨，在这个远离故土万里之外的陌生城市，一个青春已经逐渐远逝的中年人，为了心中那点残存的火焰，独自穿过大半个城市，去为命运献上自己的祭礼。

这是2003年的我，为了追寻理想远赴异国求学时的纪念。明白在生命的间隙，有时候需要一段空白来沉淀思绪，在静默中自我蜕变。为了重生，必须忍痛抛弃一些习惯、传统或记忆。正如传说中的阿尔班鹰，为了重生，努力地飞到山顶，把自己的趾甲和羽毛一根一根地拔掉，鲜血一滴滴地洒落。经历足足150天的风雨，等待新的羽毛长成，才能重新翱翔蓝天之上！

回首过去的岁月，除了感慨人生若白驹过隙，忽然而已外，更感悟到一些幸福人生的密码。正如在水中放进一块小小的明矾，就能沉淀所有的杂质。一些发自内心的感悟，可以沉淀我们生活当中许多的浮躁、不安，消融许多的不满与怨气。愿在此与君共享之。

诗意生活

我应邀到高校做过数次讲座,不断有学生问我同一个问题,怎样才能成为一个成功的律师？我答曰:学做律师,要先学做人。

在我看来,做人最不该的是妄自张狂而不知高低,夸夸其谈而不知深浅,甚至不知廉耻、背信弃义。不过总有某些人,严重缺失道德感,将幸福的人生误读成一场不计手段,掠夺和占有财富的战争。在他们的观念里,诚信只是掩饰一己私利的托词,朋友只是为了帮助个人成功的踏脚石。于是,所有的阴谋诡计都变得理所当然,长期占据心中的,是战争的恶念和勾心斗角的阴暗。假若你不幸被这种邪恶控制,善良将如冬天里飞舞的雪花,虽然在你身边,却无比冰冷,最后会被践踏于脚下。而一切美丽的事物,爱和幸福的感觉,都会逐渐离你远去。

我所理解的人生追求,应该是铁肩担道义,妙笔著文章;交友可以谈笑多鸿儒,往来有白丁;既有豪气纵横的侠肝义胆,也有儿女情长,风花雪月;闲适时固然可以调素琴,阅金经,也该有丝竹锣鼓的平常之乐;无论身处江湖之远抑或庙堂之高,都该心怀报国之心。则虽然案牍劳形,百忧损心,仍然可以诗意地栖息于大地上。

感恩生活

2006年,深圳,我新认识的一位朋友邀我去看她的表演:《感恩的心》。台上,她用心在唱;台下,是心灵受到震撼的我:

我来自偶然/像一颗尘土/有谁看出我的脆弱/
我来自何方/我情归何处/谁在下一刻呼唤我/
天地虽宽/这条路却难走/我看遍这人间坎坷辛苦/
我还有多少爱/我还有多少泪/让苍天知道/我不认输/
感恩的心/感谢有你/伴我一生/让我有勇气做我自己/
感恩的心/感谢命运/花开花落/我一样会珍惜

这首歌让我感悟良多。我们大多明白“胜不骄,败不馁”和“不以物喜,不以己悲”的道理。但要真正做到,非经多番挫折和人生苦难,养成从容豁达的心态不可。

心存感恩其实是一种处世哲学,善待自己,对待生活,一种发自内心的生活态度。人生在世,不可能事事一帆风顺,客户挑剔、师傅责难,甚至于朋友背叛、丢掉饭碗乃至夫妻反目,都会让人倍感沮丧、无奈和痛苦。面对这些不公和挫折,我们是一味地埋怨别人、抱怨生活?还是从容面对,鼓起勇气继续前行?英国作家萨克雷说得好:“生活就是一面镜子,你笑,它也笑;你哭,它也哭。”心存感恩,不能抵消你的失败,但可以增强你抵御挫败感的能力;心存感恩,不能消除朋友背叛造成的痛苦,但可以使你从此远离小人。所谓患难见人心,逐渐留在你身边的,必然是知己良朋。懂得珍惜和感恩的人心里住着天使,心存感恩,才能真正理解,人生本来就应有如此多的不完美和无奈,才能使自己消除怨气、保持健康心态和进取的信念,才能获得继续前行的勇气。

心存感恩,才能使自己的生活和心态都保持宁静,相信所有的伤痛都会过去,所有的未来都充满希望。

宁静生活

我一直很向往海子那首诗《面朝大海,春暖花开》中描述的情景:

从明天起,做个幸福的人
劈柴,喂马,周游世界
从明天起,关心粮食和蔬菜
我有一所房子,面朝大海,春暖花开

环顾当今社会,急功近利,心态浮躁日盛,人与人之间的交往多以物欲为先,功利化趋势严重。以往逢年过节,是亲人团聚的日子,现在是叩拜上级以图晋身的好时机;同学、朋友或平辈间的交往,多以互相攀比和结成利益同盟为目标。很多人一辈子都在忙于讨好上司或别人,但不曾懂得过自己,他们整天生活在外物的旋涡中,盲目沉浮,不知方向。

其实,财富是平凡的,美丽也不是稀有,但心灵的宁静才是上帝允诺的最终赏赐,多数人从未享受过,有些人需要等待一生直至暮年,才等到赏赐降临到他们身上。

宁静是自然。陶渊明悠然见南山的时候是静的,但是,整日在高级写字楼里勤奋工作的人们也可以是静的。和小孩一起玩捉迷藏的时候,是静的。不过,在商业谈判桌上和对手过招较量的过程,也可以是静的。

无论在喧闹的都市抑或寂静的山居,抑或身处熙攘的人群里还是一望无际的沙漠,热闹喧嚣也好,桃红柳绿也罢,只如戏剧里的背景,隆重上演或无声淡出。繁华落尽,恒久留存心底的,是那份执着淡然而坚定的宁静。

宁静是以出世之心,行入世之事,纵然一夜风吹去,只在芦花浅水边。宁静更是一种高度,一种境界,一种人生智慧。它并非来自于周围的环境或者你的一举一动,而是来源于你的内心。

学会阅读自己吧,知道自己的心真正需要怎样的爱,怎样的情感。心有多大,世界就有多大。当心变大,也就自由而宁静了。

写至此处,自觉宁静的心正逐渐摆脱嘈杂的世界,白日的喧哗如潮水般,在闭目间缓缓退去。心里听到夜空中风声回旋的落寞,枝叶的叹息,还有檐下点点雨珠滴落窗台的声音。远处,虫鸟和鸣之间,夹杂着村里偶尔传来的两声犬吠。我想,这应该就是我喜欢的宁静生活。

幸福人生可能正是如此:以宁静的心态,存着感恩之心,诗意地栖息在大地上。

就这样,很好,很好。

高云
2007年8月夏夜
于广州祁福新村

合同江湖梦　法律侠客行
——高云25年磨一剑，《合同六法》完美归来

亲爱的读者：

当你翻到这一页的时候，想必已经通读完全书。期望您在掩卷之余，能够收获满满的干货，并对您的法律实务有所感悟，这将是对作者最好的肯定和鼓励。

不过，我的期望远不止如此。在我看来，最能够体现法律思维与写作精髓的，应该是素有“文书之首”之称的合同。为此，本书原版设有专篇——合同写作篇，详细讲述合同谈判、起草、审阅和管理技巧，这是我多年工作经验总结之精华，并且在多个论坛和大学多次公开演讲过，体系和内容都相当实用和精炼。

这本应是法律人成长之道当中最重要的一块拼图，但是为了照顾体例以及压缩篇幅等原因，此篇在最后时刻被拿下。现在回想起来，不得不说是一大遗憾。

一、为此，经过我的努力写作，终于将属于《思维的笔迹》遗珠的《合同六法》部分全部完成。这部作品汇集了我25年的合同实战经验，100家+法律顾问服务案例，1万+合同写作和修改实践，300万+实务冠军作品精华，我将其命名为《思维的笔迹——合同六法》。所谓《合同六法》，是一部围绕中国合同实务为核心，以解决合同写作、修改、谈判、实战、管理五大典型场景问题，标准化、技能化和流程化的知识体系。

二、经过与法律出版社和网络合作方熊猫法律新媒体的多番商议，我为读者提供如下学习途径：

我将在网上推出“高云合同实务交流群”，实务交流群是公益性、全免费的，由我长期主持解答各种合同实务问题，为中国所有的律师和企业法务等从事合同实务工作人群提供实务交流的网上平台。关注“熊猫法律星球”公众号，查看菜单栏，可免费申请加入。

三、正如懂得再多的道理,仍然过不好人生。懂得再多的合同道理,仍然做不好合同实务。所以,如果你希望重塑思维,建立体系,培养技能和掌握软件工具,就来参加《合同六法》系列网络课程吧。

首推的《合同六法实训营》由我亲自教学,采取2个月21节视频课+答疑课+点评课的网络教学方式进行,不仅仅是教学,还有我亲自解答疑问和点评作业,一切以培养合同实战技能为核心目标。由于是网络课程,学习时间由学员灵活掌握,可以随时随地回放学习。同时,学员还能够免费获得我亲自审核的10大类52种合同范本库、最高人民法院合同诉讼案例大数据分析报告以及各种高效合同技术工具。

最重要的是,所有学员将由我全程一对一亲自指导,最大限度地确保实训营的教学质量!

有兴趣了解和报名《合同六法》课程的朋友,可以扫描如下二维码,点击菜单栏免费收听公开课,了解更多详情:

欢迎各位读者加我的个人微信号:gaoyun_whj。法律人生,尽在笑谈中:

图书在版编目(CIP)数据

思维的笔迹.下,实战案例训练/高云著.--3版.--北京:法律出版社,2013.2(2023.7重印)

ISBN 978-7-5118-4289-3

Ⅰ.①思… Ⅱ.①高… Ⅲ.①律师-思维方法-研究②法律文书-写作-中国 Ⅳ.①D916.5②D926.13

中国版本图书馆CIP数据核字(2012)第283304号

思维的笔迹.下,实战案例训练

SIWEI DE BIJI. XIA, SHIZHAN ANLI XUNLIAN

高 云 著

策划编辑 吴剑虹 张心萌

责任编辑 吴剑虹 张心萌

装帧设计 马 帅

出版发行 法律出版社

编辑统筹 学术·对外出版分社

责任校对 晁明慧

责任印制 陶 松

经　　销 新华书店

开本 710毫米×1000毫米 1/16

印张 12 **字数** 176千

版本 2013年2月第3版

印次 2023年7月第19次印刷

印刷 固安华明印业有限公司

地址:北京市丰台区莲花池西里7号(100073)

网址:www.lawpress.com.cn

投稿邮箱:info@lawpress.com.cn

举报盗版邮箱:jbwq@lawpress.com.cn

销售电话:010-83938349

客服电话:010-83938350

咨询电话:010-63939796

书号:ISBN 978-7-5118-4289-3

定价:55.00元

凡购买本社图书,如有印装错误,我社负责退换。电话:010-83938349